I0767194

Titolo: Operare su ciò che è stato corrotto
Self Publishing
Anno: 2023
Testi e disegni Caterina Lasagna / Dario Fo
Fonti articoli: alluvione in Romagna presi da:
Open/ Today/ Partitocomunista.it

Caterina Lasagna

Operare su ciò che è stato corrotto

ESGRAMMA N.18 DAL LIBRO I KING

IL TESTO PIÙ ANTICO DELLA CULTURA CINESE

L' ESAGRAMMA SIGNIFICA:

IL VENTO SOFFIA BASSO SUL MONTE L'IMMAGINE

DI CIÒ CHE È STATO COROTTO.

COSÌ IL NOBILE SCUOTE LA GENTE E NE RAFFORZA LO SPIRITO

L' ESAGRAMMA È LA VIA DA SEGUIRE CHE PORTA ALLA RIPARAZIONE DEL DANNO.

NELLE FACCENDE UMANE L'ESAGRAMMA 18 INDICA UN TEMPO IN CUI LE SINGOLARITÀ INCONSAPEVOLMENTE MIGLIORANO SE STESSE. PER QUESTO È DETTO NELLA SESTA LINEA:

NON SERVE NE RE NE PRINCIPI. SI PONE METE PIÙ ELEVATE.

L' OPERARE SU CIÒ CHE È STATO CORROTTO È L'INTOLLERANZA VERSO CIÒ CHE È SBAGLIATO.

Introduzione & istruzioni

per l'uso di come sfruttarne al meglio la lettura

Questo testo è stato scritto tra novembre 2022 e maggio 2023. Poi è stato, dalla sottoscritta, con il paziente e prezioso aiuto di Stefania corretto e controllato per intero più volte. In ogni caso i concetti non sono cambiati. Ho studiato molto per mettere nero su bianco, alle volte due righe scritte corrispondono a 200 pagine di storia. Come scrivo e riscrivo, almeno provare credo sia un dovere di tutti. Aggiungo, mentre sto con grande passione studiando il medioevo, che siamo adesso al massimo dell'ignoranza, bigottismo, vigliaccheria e Ponzio Pilato. Subdola trasformazione permessa e voluta dall'uomo prepotente e avido come se fosse eterno. Non sei vivo se non hai le rate, la macchina allineata alla pubblicità e le tue esteriori questioni come moda comanda.

Ed è proprio mentre costruisci la vita di stronzaggini pazzesche che l'entità "il sistema" ti si inq. la vita fino a farti scoppiare.

Ovviamente quando te ne accorgi e sei con le spalle al muro, non è un bel giorno. Mi piacerebbe dirti che, dopo avere letto quanto ho scritto, se almeno il sessanta % dei lettori la pensano in modo simile si potrebbe riuscire a cambiare il mondo. È chiaro che è ipoteticamente possibile, tutto è possibile, ma sarebbe comunque una menzogna. Pare che il cane tenga ben stretto l'osso. Tuttavia, e consapevole di questo, prova ad immaginare se si potesse davvero. Per coerenza non ci sarà una pagina facebook dove poterci insultare liberamente, ci sarà un indirizzo mail, dove potrai scrivere i tuoi pensieri riguardo a ciò che propongo e ovviamente attieniti al breviario per le parolacce, e autorizzami alla privacy se desideri partecipare al prossimo e.63 KI TSI: dopo il compimento". Inizio a proporre nel pratico con un apparente passo indietro ma in realtà è un passo molto avanti, una scavalcata alla stupidità degli accanimenti anonimi sui così detti social, direi eccellente! Con lo scempio esploso dalla pandemia e nel periodo successivo, e sicuramente in una fase mia dell'età dove la reale comprensione fa più male, nasce l'esigenza della condivisione, diversa per me dalle faccine su facebook. Ho imparato che quando hai un pensiero non è mai solo tuo. Nello stesso momento milioni di persone hanno il tuo stesso pensiero. Quindi ci provo, e pare che la difficoltà più grande dopo averlo espresso, sia la messa in pratica. Beh, dipende quanti siamo, Valuta le mie proposte!

Nota:

a differenza di altri libri, questo è spontaneo. Non ha protezioni politiche di alcun genere. Non ho letto libri usciti a tal proposito al fine di non essere influenzata.

Istruzioni per l'uso:

-leggi tutto, ho nascosto cose inaspettate anche dove credi di poterti annoiare. Consiglio: prendi delle note. Se alla fine del libro vorrai onorarmi con una tua risposta puoi usare la mail indicata.

Breviario

Operare su ciò che è stato corrotto precede il progetto sull'argomento: cz = sottolineature di gravità di una faccenda

czz = per una cosa più grave

inqds =inculati da solo, che è un vaffanculo più sentito mrd =merda

pt = porca troia pip =pipparolo

Q = se leggi ad alta voce lo comprendi vfq =vaffanculo

str = stronzo

vasca delle meduse = punizione in una vasca piena di meduse incazzate acquario delle meduse = la stessa punizione ma più in grande, devi sgambettare per rimanere a galla, più o meno come tutti nella vita quando sopra abbiamo dei disonesti. L'acquario ha una platea per ammirare i risultati.Non per volgarità ma per senso del discorso, queste espressioni di tono, a volte sono scritte per intero. Per ogni cz una "z"in più segnala la gravità della faccenda tuttavia se scrivo solo cz non è meno grave. Oltre a qualche parola che in italiano non esiste, sono sicura che ne capirai il senso e comprenderai la mia necessità di utilizzo al fine di dare il giusto tono a ciò che volevo dire. Ci ho provato sia con cavolo che con cacchio, poi con perbacco, accipicchia, e sono dovuta rientrare su qualcosa di più significativo. Non è comunque un dramma, e qualche battuta un po' sagace mi è scappata con spontaneità e perdonami se la cosa unica che ritengo volgare sia la realtà dei fatti, realtà che mi fa anche un po' ridere. Nel caso in cui i presi di mira, i soggetti, si risentano delle osservazioni, chiedo che prima di scaldarsi che leggano le riflessioni, e traggano spunto per capire che di qua non siamo ne ciechi ne fessi. Si, è vero, abbiamo molto da fare, ciò fa sì che si lasci correre, ma non è detto che il vaso non si riempia fino a straboccare.

Capitolo I

Verace epilogo. Ricostruzione dei fatti reali

Cambio di marcia/o ai poteri, risparmiamo su di voi come voi risparmiate su di noi.

- art. 50 tutti i cittadini possono rivolgere petizioni alle camere per chiedere provvedimenti legislativi o esporre comuni necessità.

Operare su ciò che è stato corrotto

I nostri big della democrazia

Finalmente è tutto alla luce, le merdate degli anni passati sono emerse e sono sotto il naso di tutti. Trovo veramente folle da parte di tutti voi il pensiero che vi si lasci continuare così, non siete cambiati se non di poltrona.

Diversamente non si spiegherebbe che un tale detto: "pip", il quale dovrebbe avere goduto di una discreta pensione, abbia avuto fino all'ultimo ... l'autorità della parola. Segue l'esordio del primo intervento del capo del nuovo governo: "la salute pubblica non può essere un problema né ideologico né burocratico ma richiede un approccio scientifico nell'unico interesse dei malati"; e ci tengo a non strumentalizzare la cosa: la presidente ha usato le critiche e queste frasi, rispondendo alla questione per il Green Pass, mettendosi contro tutto il governo che ha tentato la strumentalizzazione delle sue frasi, per darle della "no vax", termine inventato dai deficienti pure molto ignoranti, che ancora non mi spiego: Uno che fa le diete per sua scelta lo chiami forse "no magn"? Uno che per sua sfortuna è stitico si chiama forse "no cag"?

Gli uomini etero e le signore gay allora : "no cazz ". Allora i vigliacconi li chiamiamo "no pall". E via discorrendo. Questo mi fa credere che per la prima volta, qualcuno fa sul serio, speriamo! Tengo a precisarlo in quanto lancio badilate di ciò che spetta, ad altri e non certo a lei, anche se appena arrivata, direi partita a livello sorprendente, anche se siamo segnati da un feroce passato, che non si può dimenticare e del quale lei stessa è circondata, a livello diverso dal nostro,con differenti equilibri e rischi. E questo va rispettato e stimato.

Tuttavia, gentile signora Giorgia:" vedo che le manca la conoscenza dei problemi di vita del popolo. E malgrado la sua onestà che per l'ufficio che ricopre è tanta cosa, il corso indicato per le candidature politiche e la conoscenza dei reali stadi di vita del popolo, sarebbe utile anche a lei, capire che il raddoppio di stipendio che avete concesso mentre gli imprenditori si impiccavano, a sindaci e assessori, anche per lei vale come rapporto: Voi e noi: venti a uno! Venti dei nostri R.D.C. per ogni sindaco e assessore, la fa Patrizia a un livello inopportuno, come l'opposizione che lo ha concesso quando era a capo, dei quali non ho in mente nessuno che valga dieci volte ne me ne un pensionato che ha lavorato tutta la vita, ne un cinquantenne che ha perso il lavoro ne un trentenne che non vuole andare a lavorare a due euro all'ora, e nemmeno tutti gli altri. Come mai, gentilissima signora Giorgia, quel raddoppio di stipendio non lo ha revocato come l'R.D.C. ?

Come mai a questo tipo di lavoratore non ha tolto ciò che l'oggi opposizione, sicuramente più ingiustamente del R.D.C. ai poveri davvero, gli aveva concesso? Dovrebbe assolutamente provare come si sta a lavorare 10/15 ore al giorno e portare a casa dai €. 700 ai €. 1200, non si può vivere e Lei che decide per noi crede sia normale, non é che per caso ha una scarsa considerazione del Popol che la vota e per il quale Lei lavora?

Un conto è non accontentare tutti e fare delle scelte, come ha detto in TV, un conto è spezzare le gambe a qualche milione di persone senza voltarsi indietro. Faccia il corso, indicato a seguire, mi dia retta che le serve, nel senso che è così intelligente da apprendere in poco tempo ciò che è indispensabile per la bilancia del giusto e sbagliato o addirittura inopportuno, che tiene in mano! Come vive il suo popolo? La gente a cui toglie e a cui dà, come arriva a sera? Chi si impicca ha necessariamente un disturbo psichiatrico, o i fatti materiali e gli impegni, in assenza totale di aiuti, possono mettere un disagio tale al punto di rinunciare alla vita? Chi non trova lavoro. Perché?

Chi sta male e non riesce a curarsi. Perché? Anziani disperati. Perché? Siamo sicuri che le nubili e i celibi dopo una certa età non siano da aiutare come gli altri? E che magari siano in quello stato di single dopo essere scappati da cose atroci? Che valorizziamo tali soggetti solo se invece di rimanere single vengono ammazzati? Gli artigiani e le Partite Iva, non c'è proprio un qualcosa che si possa fare prima che continuino a togliersi la vita? Gentilissima presidente, considerando il ruolo che ha voluto, da sempre e finalmente ottenuto, queste domande elencate dovrebbero essere le sue priorità, non di giudizio ma di comprensione." Tuttavia, per la prima volta dopo oltre settant'anni, al capo del Governo abbiamo una persona non soggetta alle trattative con la mafia ed è un evento eccezionale da non dimenticare!

Grazie a lei il 41 BIS non è stato manipolato ed altre garanzie di quel genere. Ricordandoci che è una persona, è stato un passo enorme che nessuno prima di lei ha neanche ipotizzato di compiere. Nel mal contento sopra elencato, questo non va certo dimenticato!! Noi che veniamo da racconti di governo e: P2, Mafie, CIA, intercettazioni telefoniche, corruzione e persino coinvolgendo lo IOR, riunioni con Toto Riina e con i camorristi delle stragi, molte causate in collaborazione con Voi stessi, Gladio, Andrangheta, Camorra, Cosa Nostra, la destabilizzazione del Paese, ingerenza americana nello stato italiano, la pericolosità di Moro che poi fu eliminato, Andreotti, e che Dio lo abbia in "Q"ura.

Come possiamo fidarci di Voi, dopo tutto questo? Non basta nemmeno più che non siate corrotti serve che ci diate una mano sul serio. Per quanto data la novità della bionda signora che come prima mossa riammette i medici squalificati per grandi czzz e inciuci, in un Paese senza medici ci viene ancora da fidarci, con tutto quello che è stato, ha un peso d'animo grande fidarci ancora, come possiamo? Certo il mio è un bel progetto. Molti di loro che fino a ieri di sicuro hanno spalleggiato le mafie con tutto il contorno, dubito che siano interessati un programma di analisi del sangue, di coscienza e pulizia del sistema. Pulire non significa certo riempirci di deficienti come è stato fatto ultimamente, anche se, pare proprio che i peggio siano amici del pip di vecchia data. Quindi gente che è nata con la lingua marrone ai poteri, e non è certo arrivata alle poltrone per capacità o merito, cosa può fare per un popolo allo stremo? E ce li teniamo mentre dovrebbero essere dietro le sbarre da un bel pezzo. Ma si sa, la giustizia non è certo uguale per tutti: i potenti rimangono sempre impuniti. Le notizie elencate che li riguardano, trovabili ovunque!

Chiedo almeno sia tolta dai tribunali la frase:"in Italia la giustizia è uguale per tutti", così per evitare dispendiosi malintesi.

Invece dobbiamo pure accettare che paghiamo fior di quattrini le "paperine"(vedi capitolo paperine) ignoranti che si sono inciuciate il pip per entrare la dove si decide per il popolo, e non so cosa sia più grave. Certo che per quello che interessa a loro, fra altri cinquanta anni verrà fuori la verità, di cosa stanno realmente salvaguardando e cosa condannando con le conseguenze che noi paghiamo ora a caro prezzo e sofferenza, ma non ci saremo più, altri disonesti a succederli invece sì, questa è la matrice dei loro predecessori, che tanto speriamo sia cambiata. Sono come un bell'albergo che non sa offrire ristoro, ma pieno di dipendenti. In questi casi si demolisce e ricostruisce per fare funzionare un'azienda. Il nuovo avvento di maggioranza lo vuole fare? Lo lasceranno fare?

Da zero, lo Stato e la mafia e le logge e le lobby e le banche e cosa nostra, direi più Loro, hanno finto di discutere per più di 50 anni, erano invece tutti d'accordo, chiusi nella loro omertà mafiosa, sono in parecchi ad avere colpa delle stragi, sono stati rispettati tutti i patti con la mafia, è al Paese e al loro popolo che lo hanno messo in Q da sempre! Ovviamente ci sono stati i sovversivi, quelli che hanno provato a tenere fede ai loro impegni con noi, e sicuramente ai loro principi. Tutti ammazzati. Non parlo di chi aveva fior di documenti da ricattare i poteri, parlo di chi vi aveva partecipato. Questo era ieri, oggi ci troviamo comunque davanti a violenze nei nostri confronti inaudite: chi doveva essere custode della sovranità popolare?

Non sono mai andati in questa direzione! La signora con il Rolex quanto prende di pensione? Dopo averla tolta a chi ha lavorato oltre 50 anni? Nessuno di loro ha mai avuto gli attributi per alzare un dito. Credo facciano ancora finta di nulla. E già, perché molti di loro ancora temono, ci sarà motivo, nonostante tutte le leggi che hanno fatto per loro stessi (se uno li guarda male rischia l'ergastolo), mentre per le giuste cause i delinquenti veri rimangono a spasso 30 anni. E si passano la palla da destra a sinistra osando parole come "partito democratico di oggi " ; democrazia progressista di oggi"; "partito democratico costituzionale 13-19"; "partito liberale democratico 1921-24", "partito democratico sociale italiano 1922-26"; "concentrazione democratica repubblicana 1 946"; "partito democratico del lavoro 1943-48"; "partito cristiano sociale 1944-48"; partito democratico italiano di Unita monarchica 1959-72"; "democrazia nazionale 1977- 79"; "democrazia proletaria 1978-91"; democrazia cristiana"1943-94; "alleanza democratica 1993-97"; "partito socialista democratico italiano 1947-98"; "par- tito democratico della sinistra 1991-98"; "cristiano sociali 1993.98"; "cristiano democratici per la repubblica 1998"; "cristiani democratici per la libertà 1998-2001"; "centro cristiano democratico 1994-2002"; "cristiani democratici uniti 1995-2002"; "i democratici 1999-2002"; "democrazia europea 2001-2002"; "patto dei liberal democratici 2003-2006"; "socialisti democratici italiani 1998-2007"; "democratici di sinistra 1998-2007"; "democrazia e libertà 2002-2007";"democrazia cristiana per le autonomie 2005-2009"; "sinistra democratica 2007-2010". Pare proprio che il cristianesimo e la democrazia gli piacciano molto per incartare il pacchetto con il suo contenuto. Bravi. Sul credere e fare abboccare il popolo sono parole determinanti, e soprattutto dare per scontato che agli altri partiti non appartenga né democrazia né cristianesimo. Pensate che oggi per trovare le parole di buon gradimento si guardi su internet. Scusate però se chiedo: dove sarebbe stata quindi la democrazia?

E il cristianesimo?

O per caso chi lo ha nominato ha rispettato a menadito i 10 comandamenti di nascosto? Mentre c'erano i partiti cosi denominati, il popolo ha sentito parlare solo di mafia, stragi e P2, democrazia e cristianesimo solo nei titoli dei loro partiti. "Democrazia" non significava potere al popolo? Durante la catastrofe della pandemia hanno imbrogliato sulle mascherine, oggi viene fuori che hanno imbrogliato pure sui tamponi e quello che hanno fatto con i vaccini quando viene fuori? Hanno diviso il popolo, per i loro interessi, o ideologie politiche che dir si voglia e le verità scientifiche nascoste verranno fuori quando non potremmo neanche riparlarne per chiederci scusa fra di noi, e chi di loro non ha condiviso, si è comunque girato dall'altra parte lavandosene le mani e pensando solo per sé, nessuno ha spalleggiato il popolo, obbligato a fare qualcosa di non sicuro che non voleva fare. Il popolo è stato ricattato dalla Casta, che non si è vaccinata manco per il czz, e hanno inventato la categoria "novax" poi "cinquantenni". E tangentopoli? Sicuramente tutti all'oscuro, e per le vigliaccate '20 - '22 guai a chi si permette di fiatare e criticare. Hanno perseguitato la gente non meno di certi paesi che condanniamo quotidianamente da 74 anni. Dove era qui la democrazia? Una statistica e se la sono giocata, magari ci hanno scommesso pure qualche spicciolino? Nascosti sotto l'ombrello istituzionale usato per scopi personali a nostro discapito. Servizi segreti che consegnano denari alle istituzioni questo è la storia che dopo gli anni ripetutamente viene fuori, i colpevoli non ci sono più e se anche ci fossero, con tutti gli ombrelli aperti che hanno a disposizione, possono permettersi ben altro, il loro onorevole Q è sempre protetto. Mentre noi lavoriamo e ci spacchiamo per pagare le loro nefande questioni, per le quali sono sempre stati profumatamente retribuiti mentre il popolo muore di fame.

Di ingiustizie e di problemi irrisolvibili, nessuno risponde. C'è una segreteria automatica, o la foto di uno dei tali con l'invito a scrivergli, ma nessuno ti caga!

Durante la pandemia ho urlato il dramma degli agenti di commercio a tutto il mondo! lo stesso ho fatto per i problemi ingiusti del Green Pass, per le separazioni dagli anziani lasciati soli nelle RSA. Non esiste più la dignità delle istituzioni, non ci possiamo più fidare, se la sono mangiata fra la storia di ieri e il film Covid 19: "prendo dove posso" e ad atti disonesti, illegittimi e anticostituzionali. Come fa uno a dirsi cattolico e poi cede il Paese alla mafia? Che siano logge e accordi fra i poteri esteri che aggiustano i loro pasticci mettendo nella merda chiunque passi di lì anche per caso. Andare alla messa la Domenica per farsi vedere ed essere cattolici sono due cose ben diverse.

E pensare che loro sono anche ricevuti dal Papa. Per il popolo hanno mai fatto qualcosa con amore senza calcolare in anticipo il loro tornaconto? O solo specchi per allodole per prendere voti, poi tutto peggio di prima, dopo avere attaccato l'esca sull'amo dove il popolo è talmente numeroso che quel che serve con la giusta esca si porta a casa sempre. Per fare un tentativo, difficile, ci vorrebbero uomini preparati e consenzienti di ciò che c'è per strada e come aiutare il popolo, magari pure onesti, noncuranti dei propri interessi con un unica ispirazione: il bene delpopolo.

Quindi questo libretto apparentemente fantascientifico e in primis per i nostri Governanti, ho scritto qualche parola necessaria, per spiegarmi meglio nel tono, niente sarà mai volgare tanto quanto la storia della politica italiana, e di fronte a tutto ciò a cui faccio riferimento la volgarità di una parola sparisce di fronte alla volgarità dei bigotti raccontati da notizie pubbliche di falsità che non ci interessano, rubare, mentire al popolo lavoratore e distruggere il Paese con la sua economia e i suoi anziani è pure più volgare di una bestemmia in chiesa. Ho reso l'idea. Quindi spero proprio che abbiano, Loro Signori, la democrazia e il cristianesimo sufficienti per leggere. In fondo io sono solo un briciolo di popolo schiacciato ma non sottomesso, che crede di avere ancora il diritto di parlare in un Paese che si dice democratico da molti anni!

Con sto fatto della Democrazia capita che ci si monti la testa e si voglia dire la propria come fosse un diritto, anche se, al contrario loro, noi abbiamo ancora l'obbligo di leggere le PEC come di ritirare una raccomandata. Sappiate che sono rivoluzionari i milioni di persone ancora oneste di questo Paese, che nonostante la loro istigazione a delinquere, si comportano bene perché si è brave persone. E siamo tanti, molti più dei ladri. Come è possibile che le istituzioni che sono costituite da uomini che seguano l'obbligo del "eseguire" indipendentemente da proprio punto di vista? Quindi i loro mega stipendi sono forse tali per ripagarli dei loro principi abbandonati? E' un principio massonico?

Nota: Non c'è più cattivo di un buono che diventa cattivo (Bud Spencer). Purtroppo a causa di fatti e personaggi conosciuti, si è sputtanato l'intero sistema, ingiustamente e a discapito degli onesti, capaci e coscienziosi colleghi degli stessi servizi e mestieri.

Operare su ciò che è stato corrotto

Da quanto tempo razzoliamo male

Sin dai tempi più remoti dell'organizzazione sociale dell'uomo, esiste il persecutore e il perseguitato, la caccia al potere che parte dal denaro e confluisce nel possedimento: avere, i sudditi e i sovrani. Sicuramente la caccia al potere, da sempre, semina guerre e ciò che di più vile è l'uomo ha fatto in milioni di anni, dalle prevaricazioni sull'altro, alla violenza sessuale confluendo alla caccia al denaro, i tre poteri malefici: avidità, lussuria e prepotenza. Essendo l'Italia il mio luogo di vita e la mia pena, dopo i film sugli Antichi Romani che da bambina mi affascinarono tantissimo, e sicuramente come grande fans di Gesù Cristo, durante e soprattutto ora con le conseguenze materiali ed ingiuste della pandemia, e Partita Iva, mi è venuto il dubbio del paragone con la storia antica. Me la sono riguardata tutta con attenzione. Partendo dalla fondazione di Roma nel 753 a.C. che sopraggiunse agli Etruschi prima, agli Assiro Babilonesi, Egiziani, e ad altre popolazioni venute dal mare, da Romolo inizia la storia di Roma. Nel 509 a.C. si fonda la repubblica romana.

Come dicevamo, le caste:

- Patrizi: (il cui significato è figlio di un padre libero e nobile). Avevano accesso a tutto, erano i nobili, i potenti, non per merito ma per familiarità, gli unici ad accedere alle cariche del senato, quello che oggi è rappresentato dalle mafie, logge, politica e banche e lobby cooperative. Figlio e il fratello del tizio, tutti dello stesso branco.

-Plebei: i poveri. Il cui significato è grossolano, mediocre disagiato, classe meno abbietta, ciò che oggi è la classe operaia. E tutti i lavoratori o forse poco meno dei pensionati. Perché oggi sei ciò che possiedi non ciò che sei in base ad età, cultura, sapere e valori vari. Ciò nonostante, pur avendo la certezza di essere calpestati senza remore, il popolo plebeo era unito e grande nel protestare, tanto che fu protagonista di un simpatico fatto.

Nel 494 a. C., pochi anni dopo la creazione della Repubblica romana, i plebei fecero "Scessio Plebus", ovvero ritiro e abbandono dalla città, in massa, e rifugiatisi sul Monte Sacro fino a che i patrizi non concessero loro una carica di "tribuno della plebe", pubblica e inviolabile, presso il senato affinché anche loro potessero avere accesso a qualche diritto ed essere tutelati. Oggi sono i consiglieri comunali i candidati unici a svolgere questo ruolo, e pur non essendo stipendiati, sono i controllori delle nefandezze comunali. Come se la prima settimana di Settembre 2022 tutte le attività d'Italia avessero chiuso in massa e tutti insieme per ottenere due rappresentanti del popolo, consiglieri comunali, che sarebbero consiglieri statali, da presentare al governo a nome del popolo, per ricevere la riduzione del 90% delle bollette e sgravio cartelle esattoriali, mentre il popolo, che nel frattempo chiudeva tutto indistintamente dalla tipologia di attività, aspettava la risposta affermativa. Allora come oggi, la plebe era qualche milione e il patrizio poche centinaia. Ottenerono da principio due tribuni della plebe da inserire al senato, che poi diventarono dieci, con perenni osteggiamenti. Compito molto difficile, anche perché in antichità vendersi era uno sputtanamento molto umiliante. E costava caro l'essere beccati, e torniamo a noi ricordando, per esempio, lo scandalo ad oggi impunito delle mascherine e i processi ai politici conclusi sempre con piene assoluzioni.

Diversamente i plebei non avrebbero avuto sorte, solo ingiustizie, tuttavia, il

senato di allora era per i senatori esigente e ricco di regole onde evitare corruzione. Senatore che significava davvero, uomo vecchio, che per i romani significava anche saggio (senex). Grande rispetto tanto da chiamarli con un nome che significava e significa realmente: " vecchio e saggio", come per i giorni nostri, dopo 40 anni o più di lavoro, i nostri anziani percepiscono misere pensioni, e per le RSA è andata la prima ondata sperimentale sui vaccini, ne sono morti tanti la prima settimana. Non possiamo certo paragonare i nostri senatori a quel concetto, vecchi sì ma con un passato spesso incatramato, tanto che ognuno di loro (forse non tutti) potrebbe scrivere un libro a persona, per incantare Rebibbia.

E comunque c'erano gli schiavi, che poi si trasformarono in servitù, e ad oggi i servitori delle mafie, camorre, a ndranghete, a volte anche gente da €. 10.000 al mese, con mestieri importanti anche se messi lì come servitori dei poteri, quindi straschiavi! Quanti primi cittadini dei comuni, oggi servono altri al posto dei cittadini e ogni tanto ne beccano uno, perché se fra di loro non stanno ai patti, poi gli beccano il Q e li sputtanano, fingendo che non si sapeva nulla delle nefandezze acquisite. O credevi forse che i servitori fossero quelli che fanno i camerieri?

Quella è alta classe e il piacere di servire per grandi persone! A oggi rimane dei possibili senex, ovvero i vecchi saggi, che non sono certo senatori e molto meno onorati, che dopo una vita difficile, avendo portato comunque tutti i doveri a compimento, vengono trattati come accattoni o gente che pretende qualcosa che non gli è dovuto e molti finiscono per strada. Accusano i colpi, dopo una vita di lavoro qualcuno cede, si aspettavano qualcosa invece di un calcio in bocca.

Ci si lascia andare, e lo svantaggio di dormire al freddo e non lavarsi e difficilmente fare un pasto caldo, non supera il disagio che si prova ad insistere e continuare a battere la testa contro il muro. Parlo di migliaia di persone che hanno perso tutto, qualcuno aveva un credito con lo Stato che non si è risolto per tempo ed aveva dipendenti con famiglie a carico da stipendiare. Molti imprenditori in questi due anni si sono tolti la vita, mentre ai Sindaci ed Assessori si raddoppiava lo stipendio, assessori che hanno tutti un doppio lavoro, e molti non sono adeguatamente formati riguardo l'argomento dell'incarico, ricoprono quei ruoli per favoritismi, scambio di piaceri. Spesso dal giorno alla notte divengono assessori, come in certe aziende, si fa il biglietto da visita e il personaggio diventa per magia ciò che hanno scritto idioti peggio di lui, sotto il suo nome. E intanto procede la caccia al potere e alla poltrona, non sempre motivata da passioni e culture politiche. Il politico deve essere minimo laureato, addentrato nel sistema e specializzato in ciò che si propone di fare per il Paese, come minimo, considerando quanti figli del popolo laureati puliscono i cessi.

Diversamente è l'amico di qualcuno, ignorante più di me e non può salvare il Paese ma dare il colpo di grazia, e abbiamo sfiorato la tragedia dell'ignoranza più volte con gli ultimi individui con questa dose di egocentrismo, sete di potere e denaro, incapaci fino al midollo osseo, uno in particolare, e anche due, del quale uno mi giunge voce: l'uomo delle banche gli ha aperto una porta per trattare all'estero il nostro problema grande del momento. Nessuno lo ha votato. Ma la cricca delle cricche, in un Paese che addirittura si chiama democratico, decide alle nostre spalle chi va a parlare dei nostri interessi. I romani inserirono i vecchi in quanto saggi e, almeno in teoria, privi di motivazioni ormonali o di 15 potere e di potere economico. Era un'alta onorificenza, e un senex non se la sarebbe giocata facilmente. So a chi stai pensano, anche io, ma non posso scriverlo. Oggi inseriscono ai poteri questi fanciulli privi dell'esperienza più importante, storia di vita lavorativa, sono solo formati per le chiacchiere.

Ci sono milioni di corsi per fare le chiacchiere, ai quali seguono curriculum da carta igienica, veramente scandalosi. Non credo servano i nomi, poi auto blu, a chi disdegnava le auto blu, note spese da urlo, sono tornati i patrizi? Vedo ignoranti che occupano posti dove serve un istruzione e un curriculum particolari, quindi non avendolo neanche lontanamente sono gli amici di qualche idiota o è stata solo una lenta e subdola trasformazione? D'altronde senza un popolo che soffre e lavora le scenette dei chiacchieroni non avrebbero più motivo di esistere. All'epoca ogni cinque anni si cambiava gente, oggi se uno passa dal senato al parlamento lo paghiamo per sempre, e ce lo teniamo pure.

Una bella lezione ce la diede il grande Marco Pannella, che alla domanda: cosa serve per entrare in parlamento? 1987 rispose con Cicciolina. In questi lunghi periodi di clausura, abbiamo visto sui social molti video di Pertini che girava a piedi per Roma e beveva il caffè, leggeva il giornale. Questo lo può fare un uomo pulito. I senatori dell'antica Roma non avevano uomini di scorta, sebbene la violenza fisica all'epoca fosse ordinaria amministrazione. Ma te lo immagini il "babbacione" per strada da solo, sicuramente sputi e bastonate, cosi per l'uomo delle banche o la signora con il Rolex che ha tolto i soldi ai pensionati. E tutti gli altri, oltre al danno la beffa, passano, sbagliano e li paghiamo a vita, noi milioni di popolo, loro qualche centinaio di ignoranti, anche se la gara dell'imbecille mi sa che la vinciamo noi che manteniamo senza proteste di nessun genere, questo stillicidio del Paese e del popolo. Sicuramente durante questi due anni molti nodi sono arrivati al pettine se li vogliamo vedere.

Dall'epoca dei romani pare sia cambiato il linguaggio, l'abbigliamento, la tecnologia, il clima. Pare che la corruzione tanto ambita a quel tempo, oggi sia un dato di fatto, dopo l'unificazione degli anni '80. Anche qui so che leggi ciò che non scrivo!

Operare su ciò che è stato corrotto

Le sfumature sono cambiate. Le basi rimaste le stesse

Più corrotti e avidi di 2.700 anni fa. Sarebbe il caso di ripristinare: "il tribuno della plebe", che non corrisponda a nessuna poltrona! Uno per 16 ogni mestiere sicuramente con non più di 5 anni di carica e pena capitale sulla corruzione! (o almeno acquario delle meduse) -il consigliere comunale eletto dal popolo che va a Roma, un adulto, gente che difende i diritti del cittadino già in Comune. Poi, dopo i 5 anni, andare a lavorare, ed essere in condizioni di potere stare in mezzo a noi oppure essere rieletto dal popolo. Io non appartengo ad alcuna casta, ma alla sotto cosa delle P. Iva, agente di commercio e, ahimè, non siamo stati nominati! Per carità oggi i lavori sicuri sono veramente pochi e io ho comunque fatto la mia scelta, sicuramente azzardata ma che rifarei. La ferita del trattamento ricevuto mai sarà sanata, e lasciamo i dettagli. Come me ci sono milioni di persone e con tutto ciò che abbiamo da pagare e gli impegni già a "perdere tempo a leggere le cazzate di un altro": ho superato il budget, come te. Invece dovremmo confrontarci, come quando il popolo vinceva. Leggendo la storia è capitato più volte di leggerlo, solo se si è uniti, che non significa certo rissosi, tutt'altro: lucidi ferrei e centrati. Ogni volta che ci si unisce, ogni volta che ci si indigna per le ingiustizie subite dal tuo vicino, ci si preoccupa l'uno per l'altro, si da vita al concetto di "insieme"! Prima dell'impero romano, è provato che l'Italia fosse un misto di popolazioni molte venute dal mare.

Oggi vengono ancora dal mare ma il duro regime fiscale, ciò che devi fare per campare in questo Paese, fa sì che sia tuo come di proprietà, e non ci sia posto per un altro che scappa da una guerra e ha bisogno di mangiare. Ci vorrebbe una "scuola di cultura italiana" o forse solo una scuola di democrazia. Anche se, a oggi, dovremmo raccontare un sacco di bugie. Sappiate che facebook, fa i milioni di euro in Italia ma segue la legge americana, se scrivi vaccino ti bloccano, se offendi qualcuno di non potente non succede nulla, e per l'Italia, va tutto bene, non interviene nessuno, se lo fai con un profilo falso, facebook non concede alla Polizia postale di sapere di chi è quel profilo in quanto in America la diffamazione non è reato. I crocifissi nelle scuole, li togliamo per non disturbare. L'Italia non difende la propria identità, poi ci arrabbiamo se qualcuno ci calpesta. Parliamo dei Rave Party, con spaccio e alcol a volontà, a volte qualche morto e distruzione di aree spesso protette.

A oggi si fanno solo in Italia! E infatti viene gente da tutta Europa e oltre. Basterebbe usare la Costituzione Italiana come legge unitaria, che dovrebbe essere letta obbligatoriamente prima della Divina Commedia e i Promessi Sposi, così la Bibbia, anche se sappiamo leggermente alterata dall'uomo che all'epoca era già l'uomo vittima dei poteri, il vile di oggi. I dieci comandamenti basterebbero pure da soli, considerando che la religione è libero culto, tuttavia il Paese Italia è dichiarato cattolico, anche se poi scrivono laico, e cattolica è l'identità italiana, considera che gli stessi concetti sono egualmente espressi in tutte le religioni.

Anche se, pare che il riferimento al cattolico sia oramai sempre al potere, la chiesa stessa è fatta di poteri molto influenti e ricchi. In quanto al sesso, beh!

gli scandali hanno già dato luce a questo cattolicesimo e come sempre, non è successo nulla. Ricordo ancora la prima sparata del 2005 di togliere i crocifissi dalle scuole per non offendere i praticanti altre religioni, Paese senza identità ad eccezione di IVA accise e tasse. La stessa costituzione italiana racchiude tutte le ingiustizie sia degli ultimi due anni che dei 100 anni, anche se per ciò che riguarda le magistrature e i poteri del Senato, dopo quanto elencato dai fatti pubblici, andrebbe revisionata. Per prima cosa, certamente sono da rimuovere le immunità! Per capirci: fai un lavoro con uno stipendio da sogno. Hai a che fare con gli interessi del popolo, però non li fai ma ti fai i tuoi: se te lo dico rischio l'ergastolo. E hai il culo talmente parato che non ti succede un mai un cazzo!

La legge uguale per tutti? Dove è finita?

Questa è la prima regola da sanare! E il diritto all'uguaglianza femminile sul lavoro? I diritti all'assistenza degli invalidi ? Le regole per il Senato e la magistratura vanno adeguate alle regole del popolo! Invito tutti a leggere questo piccolo libretto, della costituzione italiana, meno di 100 pagine €. 5.7 questa è la base dell'unione popolare! Leggi la costituzione italiana e capisci.

Se chiaramente ne sei (o siamo) a conoscenza Cosa in Italia si può fare, anche se nel Paese dove vivi e lavori, non tutto ciò che hai l'abitudine di sopportare ti si può fare! Indipendentemente dal tuo credo riconoscerai che i 10 comandamenti, la legge divina che ha guidato "i buoni" per oltre 3000 anni, sono inequivocabili e nel rispetto di pace e libertà,e non serve la ricerca di un comunicatore, un guru o un santone.

Abbiamo già tutto.

-1 *non avrai altro Dio al di fuori di me*

(e il dio denaro dove lo mettiamo? Coca e mignotte?)

-2 *non nominare il nome di Dio invano (compresi anche i toscani e i romani)*

-3 *ricordati di santificare le feste (che nella versione originale consegnata a Mosè, il signore detta di lavorare 6 giorni)*

- 4 *onora il padre e la madre (quanti ne sono morti ammazzati dai figli e quanti figli ammazzati dai genitori)*

- 5 *non uccidere (il desiderio di farlo è in folle aumento, vedi femminicidi, guerre mafie, bambini ecc.*

- 6 *non commettere atti impuri (oggi che andiamo in calore come gli animali è fatica trattenersi)*

- 7 non rubare (che vale per tutti indipendentemente dal potere di farlo)

- 8 non dire falsa testimonianza (Neppure se hai la poltrona più alta degli altri; come quando lo fanno a te)

-9 non desiderare la roba d'altri (per agenti di commercio e commercio grossisti)

-10 non desiderare la donna d'altri (ci sono gli scambisti che si mettono d'accordo per tutto)

Non fare agli altri ciò che non vuoi sia fatto a te.

La cosiddetta regola d'oro proclamata da Gesù Cristo citata nel vangelo di Matteo 7. E' in realtà proclamata nella Bibbia ebraica 8 (levitico 19.18): ama il prossimo tuo come te stesso.

Per citare altre fonti sacre:

-Islam: nessuno di voi è un credente se non desidera per i propri fratelli ciò che desidera per sé stesso

-Induismo: come è la vita che tu desideri per te, così sia per te quella delle altre creature

-Giainisti: un uomo dovrebbe procedere trattando tutte le creature nel modo stesso in cui vuole essere trattato

-Confucio: chi sta per infilzare un uccellino con un legno appuntito dovrebbe prima provarlo su stesso per sentire quanto fa male.

Ricordo un ardimentoso maestro che negli anni '70 si lanciò nella divulgazione dell'esperanto". Significato: lingua neutra, con maggiore obiettivo istruzione transizionale: stesso accesso al sapere quale che sia la propria nazionalità o il proprio livello di vita. Il senso meraviglioso di un linguaggio comune.

A questo riguardo vedo i messaggi divini di religioni diverse ma con gli stessi principi di bene ed amore, e penso spesso che quel maestro dell'esperanto abbia copiato il concetto di Dio, che per comunicare con tutti ha scritto in tutte le lingue, anche se poi l'uomo ha trasformato le religioni in "partiti diversi" ed è pure riuscito a farci delle guerre, con gli stemmi religiosi come bandiere! Serve altro?

E, soprattutto la parte di Confucio, è dedicata ai nostri "capi", che sono i nostri impiegati, anche se decidono per noi, ignorando totalmente le nostre esigenze e relative conseguenze.

Come da Confucio, mi piace immaginare la signora del Rolex che vive con €. 500 in un appartamento all' 8°piano di Roma e con il bastone, in quanto l'artrosi l'ha messa parecchio in difficoltà, va a fare la spesa, paga le bollette, fa la fila dal medico, alle poste e paga l'affitto, e scarica il modulo xxx, come i nostri anziani che per lei non hanno difficoltà a farlo.

Mi permetto ora di fare un esempio di cambiamento regole, a fronte dei nostri mestieri e ciò che gira in torno. Apparentemente fantascientifico Credo ancora qualcosa dipenda da noi. La butto lì: il popolo vorrà avere rendiconto di ogni euro giunto dal P.N.R.R. ai comuni, e dai comuni come speso, al centesimo con pezze giustificative e Finanza che le controlli, perché come al solito per chi ha bisogno non c'è nulla, gli aiuti sono anche direttamente per il popolo che ha subito danni, pandemia, non ce ne frega un czz che fate i ponti e le infrastrutture per il 2050. Ok? Il popolo pagante, vuole sapere dove vanno a finire i soldi! Non da meno, cito i primi tre articoli della costituzione italiana, immaginando che al Governo qualcuno vi ci abbia fatto rotoli di carta igienica per abituare gli articoli della Costituzione Italiana a pulire il loro onorevole culo:

• art. 1. L'Italia e` una Repubblica democratica, fondata sul lavoro. La sovranità` appartiene al popolo, che la esercita nelle forme e nei limiti della costituzione. - art. 2. la repubblica riconosce e garantisce i diritti inviolabili dell'uomo, sia come singolo, sia nelle formazioni sociali ove si svolge la sua personalità e richiede l'adempimento dei doveri inderogabili di solidarietà politica, economica e sociale.

• art. 3. Tutti i cittadini hanno pari dignità sociale [xiv] e sono eguali davanti alla legge, senza distinzione di sesso [292, 371, 481, 5, 1177], di razza, di lingua [6], di religione [8, 19], di opinioni politiche [22], di condizioni personali e sociali.

Operare su ciò che è stato corrotto
Stile di vita per accedere alle candidature politiche

Ebbene sì, da ora in poi la candidatura politica avverrà secondo un iter prestabilito al di fuori dal quale non si potrà accedere. La politica deve essere una vocazione e non più una poltrona, di tal padre al figlio, o del piacere politico da restituire e domani mattina sei assessore.

Soprattutto chi c'è a fare cose, deve conoscere bene gli argomenti del popolo prima di mettervi mano. Obbligo di due lauree quinquennali in politiche sociali/ economia e commercio/ giurisprudenza/medicina, religione obbligatoria in molte, o un'altra, se si ha un obiettivo inerente ben specifico, conseguita con il punteggio massimo in cinque anni, nelle università di Bologna, Padova, Firenze, Roma, Venezia, Torino Perugia, Napoli, Catania, Bari e gli altri grandi storici atenei, di cui un master, dottorato, laurea alla Bocconi di Milano; psicologia non è ammessa per tutte le candidature. In quanto il rischio che la si possa usare in negativo è troppo alto, puoi leggere libri e soprattutto, avrai l'obbligo di frequentare due anni minimo uno psicoanalista di quelli laureati nelle università: Trento, Pavia Padova, Milano, Roma, gli atenei sempre della storia dove si insegna la materia dall'inizio della sua esistenza, con tutti i percorsi corretti alle spalle, il quale dovrà comprendere le tue attitudini al rubare, al potere e il tuo senso civico e di giustizia verso il prossimo. Giacché, di gente di quel genere siamo pieni, non accettiamo neanche il rischio, diciamo che stabiliamo un punteggio da 0 a 10 e a 5 sei fuori. Se invece hai preso 6 o più potrai accedere al corso formativo.

Il tutto sarà svolto a bordo di una piccola auto a benzina, se i costi rientrano, diversamente a gasolio, per capire il danno attuale a carico di chi in auto ci lavora. Ogni dieci ritardi il soggetto accumulerà 30 giorni in più di lavoro, gratuito, presso la mansione che sta svolgendo, ogni tre lamentele del datore di lavoro idem.

I lavori saranno pagati, come si pagano oggi gli incapaci, e unica forma di sostentamento. "Mi raccomando in questi tre anni non spenda ciò che non ha, una anche lieve segnalazione bancaria annullerebbe tutto il percorso, anche se l'hanno fottuto, lei ha ragione e le banche torto, perché sarà tutelato come il popolo lo è, pari a zero, per le leggi che hanno fatto i suoi futuri amici. Stia quindi attento a non farsi fottere, pensi, quelli che possono sbagliare ed infangare il suo nome, sono spesso ladri e ingiusti, ma inciuciati con chi conta e nemmeno se tagliano loro la gola, troverà qualcuno che la tira fuori da un impiccio".

-Triennio da svolgere in fabbrica per le donne, edilizia per gli uomini per almeno 40 mesi;

- Aiuto cuoco/barista/ cameriere per almeno 6 mesi (durante i quali di giorno farà il corso da O.S.S.)

-P. IVA agente di commercio settore HO.RE.CA. per almeno 18 mesi, con obiettivi (cosi se dovesse capitare un'altra pandemia l'anno e mezzo dopo l'apertura della P. IVA, ne riparliamo dei conti del –30% riguardo il primo 21 anno)

- Benzinaio 2 mesi (che chiude una P. IVA e ne riapre un'altra, per essere assunto ha minimo €. 10.000 di fideiussione al suo datore di lavoro, per uno stipendio di merda o percentuale a 10 ore di lavoro al giorno)

-Parrucchiera/e 2 mesi, considerando che non conosce il mestiere dovrà sgobbare molto e aguzzare la vista, può essere istruttivo, e utile per allenare l'umiltà e il desiderio di accontentare la gente comune. Previo corso da fare mentre svolge altri lavori, sarà obbligo prestare servizio come O.S.S. presso una R.S.A per 4 mesi. - I successivi 5 mesi saranno trascorsi in una grande città con una pensione da invalido, poi il probabile candidato politico, dovrà sopravvivere come i nostri anziani, bloccandosi una gamba, dovrà pagare le bollette, l'affitto e mangiare, procurandosi ciò che serve autonomamente, con l'arto bloccato per tutto il periodo, anche per andare al bagno, dormire, lavarsi, proprio come i nostri ragazzi pensionati.

-Successivamente sarà valutato di nuovo lo stato psichico dallo stesso psi-coanalista che conosce il soggetto e al soggetto sarà dato un mese intero per riposare e comporre una relazione relativa ad ogni periodo, che sarà fondamentale per la sua candidatura politica, sarà valutata la sincerità della relazione e di ciò che ha compreso sia a livello tattico che umano. Il punteggio andrà da 0 a 100; sotto 80 si è fuori anche se fra 50 e 79 c'è la possibilità di ripetere il percorso qualora non fossero chiari i concetti.

Consegnerà la sua relazione con un'analisi del sangue riguardo psicofarmaci droghe e alcool, nel caso risultasse positiva a qualsiasi delle tre la sua candidatura sarà per sempre compromessa e inaccettabile, il lupo perde il pelo e non il vizio si dice, e non ce lo possiamo permettere. A parte consegnerà una relazione su Ernesto Guevara e una su Santa Maria Teresa di Calcutta e avrà, anche a parte un interrogazione orale su tali personaggi. Consiglio nei tempi morti di leggere come sono le persone valorose al fine che almeno si tenti di non arrivare perpendicolarmente al lato opposto. Questo esempio umano da ora in poi sarà utilizzato per raddrizzare l'indole somara dell'uomo, senza offesa per gli asini che avrebbero comunque, essendo animali, più possibilità di raddrizzamento certamente di quelle che ha l'uomo. Tali storie, dei due valorosi esempi, sono già conosciute, ma non abbastanza, vanno assorbite nello spessore dell'uomo e della donna che le hanno scritte e ancora oggi le fanno vivere di immenso e di amore. Se andrà avanti, l'esame del sangue sarà ripetuto spesso con preavviso di 24 ore. Sarà poi rilasciato un attestato, che dichiara idoneo il soggetto per le candidature politiche con il seguito della formazione inerente all'argomento dell'assessorato, perché è da qui che si parte! Dritti a Roma non ci si va più! Ovviamente in tutti i test saranno presenti domande sui 10 Comandamenti e la Costituzione Italiana, consiglio di imparare a memoria, e di amarli, cosi si impara meglio. Su queste domande non sarà ammesso neanche un errore, pure se fosse l'unico.

Nota: Parte fondamentale della relazione, dei probabili futuri assessori, sarà descrivere perché il lavoro si combinerà con il lavoro dell'assessore tale/altro.

Operare su ciò che è stato corrotto
Qualche esempio di operazioni

-Assessore alla Cultura - previo tre anni di stage, laurea in storia, storia dell'arte, master/dottorato politica etica, oltre che dottorati/master amministrativi. Master o studio riguardo la storia dell'arte e i monumenti e opere italiani ed esteri, musei e come valorizzare il patrimonio culturale del luogo. Sul quale si dovrà sottoporre ad un test di 300 domande, e un colloquio orale a prescindere, con il quale fino a due errori si tenterà una prova sanatoria, che se non riparerà gli errori si sarà costretti a ripetere entro 60 giorni, con domande diverse e a sorpresa, se si fallisse non sarà più ripetibile.

• Assessore Turismo - e grandi eventi previo tre anni di stage Laurea lingue, scienze politiche e master/dottorato politica etica, turismo, amministrazione.

Lo stage effettuato nei mesi di formazione torna utile, il candidato dovrà sostenere un test merceologico sui prodotti da cucina e da bar, sulla mise en plaz, H.C.C.P., tutti i corsi ai quali sono obbligati gli esercenti, sull'accoglienza, e sui punti forti e punti deboli nella provincia dove vuole prestare servizio, aree marittime e forestali a menadito, problematiche a menadito, per il soddisfacimento delle imprese nel proporre un grande evento, in oltre ovviamente sarà interrogato sulla sua cultura musicale che indipendentemente dai propri gusti deve essere completa e sui drink o piatti forti dei locali della zona, ovviamente italiano corrente, francese, tedesco, spagnolo e inglese come minimo.

Sul quale tutto, dovrà sottoporsi ad un test di 300 domande, fino a due 23 errori si tenterà una prova orale sanatoria, oltre che una prova orale aggiuntiva, che se non riparerà gli errori si sarà costretti a ripetere dopo 60gg con domande diverse e a sorpresa, se fallisse sarà non ripetibile.

- Assessore allo Sport- previo tre anni di stage Laurea in medicina e scienze motorie, master/dottorato politica etica, nutrizionista, amministrativo. Chiaramente, deve essere una persona sportiva, con cultura sportiva ed occuparsi in tutta la provincia dell'argomento affinché diventi pane quotidiano per tutti, proponendo programmi per le persone dai 7 ai 120 anni. Il suo test di 300 domande sarà su tecniche muscolari, alimentazione sportiva catabolica e anabolica, sulle dinamiche dei centri sportivi comunali e un progetto per migliorare la questione, la discussione orale avverrà anche se il test è positivo con le stesse regole.

-Assessore alla Salute - previo tre anni di stage Laurea in medicina, master/dottorato politica etica, erbe, amministrativo e almeno un triennio di lavoro presso A.U.S.L., test di medicina e di attualità su problemi A.U.S.L., medici curanti, regole e problemi, suggerimenti. Conti economici per cambiare la situazione, assistenza ad anziani e indigenti, medicina alternativa con test di 300 domande discussione anche orale, stesse regole.

-Assessore alle Attività produttive e pari opportunità - previo tre anni di stage. Laurea in scienze umanistiche, scienze attuariali lavoro, master/ dottorato relazioni internazionali amministrative. Test sulla mappatura della provincia, mappatura dell'estrazione sociale e associazioni e comitati presenti nella provincia, sulle pari opportunità, imprenditoria femminile legge 215/92, nozioni su commercio, nazionale ed estero, mostre, fiere, artigianato, attività promozionali e aiuti alle imprese. Impostare un piano di miglioramento, orale e scritto, oltre al test di 300 domande con le stesse regole.

- Assessore alla Viabilità e urbanistica - previo tre anni di stage Laurea ingegneria civile, urbanistica e pianificazione del territorio, master/ dottorato a completare il percorso per ciò che serve, anche se, politica etica è sempre ben accetto. Test di 300 domande sulla mappatura e sui punti critici di tutta la provin24 cia, corsi di acqua compresi come migliorare la situazione, pulizia fluviale e un piano di costi per farlo, con piano energetico, risorse umane e poche pugnette. Concessioni edilizie come e perché, poi discussione orale con le stesse regole.

-Assessore alle Politiche sociali e politiche abitative Laureato in scienze politiche, scienze umanistiche accompagnata da almeno un triennio lavorativo, master/dottorato politiche sociali, politica etica Test di 300 domande più orale comunque vada sui comportamenti umani, culture diverse ma presenti

in provincia segnalandone le necessita, argomento RSA dove l'assessorato
avrà il compito di verificare controlli e capire se va tutto bene, agli anziani,
supporto alle famiglie disagiate con particolare attenzione ai bambini, figli
di drogati e alcolisti, gente che viene da fuori e necessità di un inserimento culturale, e scuola di cultura italiana, anziani da supportare in qualsiasi
necessità e ogni situazione di bisogno, favorendo l'inserimento lavorativo là
dove è possibile, sostegno se serve uno strappo in occasioni come la passata
pandemia, delle P. IVA di qualsiasi nazionalità, codice Ateco, Isee e sti cazzi.

-Assessore lavori pubblici e infrastrutture - previo tre anni di stage Laurea
in ingegneria civile, urbanistica master/dottorato economia comunale e bilanci, politica etica. Test di 300 domande più orale comunque vada, stesse
regole. Espropri, interventi in materia idrica a difesa del suolo, programma spese, programmazione ed intervento a livello regionale, programmi di
area e competenza territoriale, infrastrutture portuali, edilizia patrimoniale,
demaniale, e statale, edilizia residenziale pubblica, elenco appaltatori e operatori economici a cui affidare servizi tecnici di ingegneria, architettura e
collaudo, acque pubbliche ed autorizzazione per opere idrauliche.

- Assessore all'agricoltura caccia e pesca e animalisti Laurea in agraria, ma-
ster/ dottorato in scienze umanistiche/assistente veterinario. Test di 300 domande più orale, e una lunga relazione su quanto segue: Programmazione
interventi nel settore agricolo, strutturali e infrastrutturali; valorizzazione
settore agroalimentare, trasformazione industriale dei prodotti agricoli, eliminare la caccia e costruire spazi dove i cacciatori si possano sparare o picchiare tra di loro, per eliminare la frustrazione di non potere uccidere un
animale che non centra un czz, demanio trazzerale, vigilanza enti del settore,
in particolare mucche, maiali, conigli, caprette, pecore, piccioni, polli e tac-
chini, controllare che la loro breve vita, 100 anni, sia degna di essere vissuta,
ovviamente GATTI CANI E CAVALLI e in alcun modo è consentito fare del
male a nessun tipo di animale compresi tutti. Controllo e supporto a canili,
gattili e rifugi animali. Controllo alle veridicità delle associazioni di partito
che dichiarano di dare sostento agli animali.

Nota: TUTTI GLI ANIMALI AVRANNO DIRITTO A UN RIPARO E CIBO

PER IL SOLO FATTO CHE SONO VIVI.

Nessun animale con le ali date in dotazione dal PADRE ETERNO potrà più
essere ingabbiato, brutti invidiosi. Gli animalisti daranno una mano presso i
circhi a tenere puliti gli animali e a sé stessi nel comprendere che li trattano
come principi e che oltre a stare bene, loro fanno una grande cultura educa-

tiva per i bambini; demanio forestale.

-Assessore all'ambiente, al verde e al riciclo rifiuti -Laurea in ecologia ambientale, master Dottorato agraria e politiche etiche Test di 300 domande più orale più relazione su ciò che segue: programmazione per la salvaguardia ambientale, punti critici, tutela del suolo e dell'aria, anche se sul clima si arrangiano da più in alto. Difesa del suolo e rischio idrologico, foreste, cave, protezione civile e antincendio boschivo, in oltre, un tema: come mai, il Fratino con quattro uova riesce a bloccare una spiaggia naturista, dove c'è un turismo ridotto a 30.000 presenze, e poi si vogliono uccidere un centinaio di cervi che alloggiano liberi in una pineta a pochi km dalla stessa spiaggia? Portati per disfarsene da un certo signore che tutti sanno chi è, che dovrebbe come minimo essere sottoposto alla castrazione fisica?

Senza anestesia è logico. Non sarà per caso, che inciuciano gli animalisti, che presi per il lato debole è facile farli reagire, per interessi di altri? Gli animali si sono riprodotti, come natura comanda, e i turisti sono in diminuzione, come da legge del fratino! Il fratino è un volatile e sta sugli alberi. Perché Vola!! Pare che l'uomo abbia privato l'animale del proprio spazio e non il contrario, che se fosse, sarei d'accordo, ma vale anche per i cervi, che ahimè non volano.

DA ORA IN POI LO SPAZIO TORNA AGLI ANIMALI, NOI OCCUPIAMO SENZA ROMPERE I COGLIONI DI QUELLO CHE RIMANE. Non certo per

invenzioni politiche come la storia del FRATINO, per il quale, pur essendo volatile sugli alberi, hanno inciuciato pure gli animalisti, si riduce il turismo; mentre i cervi che si fanno i fatti loro e stanno ben lontani dall'uomo, li vogliono uccidere.

-Assessore all'istruzione, famiglia, formazione lavoro Laurea magistrale, master/ dottorato scienze umanistiche, politiche sociali. Test di 300 domande, orale e relazione su quanto segue: politiche dell'istruzione, diritto allo studio, scuole paritarie, edilizia scolastica, programmazione della formazione professionale, programmi comunitari, politiche per il lavoro, pari opportunità.

Nota: nessuno stipendiato statale/comunale del cz potrà mai fare un secondo lavoro. Sanguisughe di mrd che siete stati fino a oggi, e restituirete tutto fino all'ultimo centesimo, almeno sopra lo stipendio di €. 1200, che per assessori ora calcolati in base al numero cittadini dei comuni, nelle piccole frazioni, e comunque tanto popolo prende la metà a mano che non si pareggino gli stipendi del popolo e pensioni. Ricordando per l'ennesima volta gli spicci

destinati a chi ha lavorato anche 50 anni è uno scempio; come spiegato in seguito tali comuni saranno annessi ad altri e per accedere a quei mestieri oltre
che formazione sarà di obbligo il corso sopraindicato! Purtroppo a causa di
fatti e personaggi conosciuti, si è sputtanato l'intero sistema, ingiustamente e
a discapito degli onesti e capaci colleghi degli stessi servizi.

Operare su ciò che è stato corrotto

Consiglieri comunali/ Tribuni della plebe

Elemento di eccezione, in questo reparto, per la prima e unica volta, ho trovato persone veramente motivate, che fanno ciò che dicono, talvolta andando incontro ad ovvi rischi, pur sapendo che i delinquenti con cariche maggiori alla loro, sono pericolosi, queste persone vanno avanti a testa bassa e a
ragion veduta, diretti dove giustizia e verità li spingono ad arrivare, pur comprendendo, lo stesso reparto, anche qualche inetto dei partiti inetti, qualche finto oppositore venduto e qualche inetto perché è bello esserci. Da qui
saranno pescati gli onesti che con una valutazione popolare, con visibilità
100% dei votanti, saranno trasformati e rifonderanno: i tribuni della plebe.

Se ne avessimo 100 bravi per regione potremmo tornare un Paese onesto e
vincente, consapevole che i giusti non bastano, buttiamo giù due regole:

- mai sotto i quaranta anni

- con un curriculum di risultati.

- verranno dai corsi di vita effettuati naturalmente,

- lavoratori, di tutti i settori, che sanno cosa serve al popolo!

Quindi con un curriculum tipo quello del corso obbligatorio! Ad oggi i Consiglieri Comunali non sono a stipendio fisso, hanno il cosiddetto "gettone"
per gli incontri, quindi già motivati e appassionati a ciò che vogliono costruire per il Paese, partendo dal comune. Saranno quindi stipendiati! Con tutti
i denari che ci faranno risparmiare, il loro stipendio partirà da €. 2000 ed
arriverà a €. 4000. Saranno proprio loro a controllare i percorsi e a preparare
i test e le domande di formazione, sarà aggiunta una formazione politica,
svolta dai Consiglieri Comunali, nel tempo, i forse futuri assessori sceglieranno da che parte stare, non solo in base all'ideologia politica, ma in base
anche a chi la rappresenta, curriculum dei politici e quanti peli hanno in Q.
La cosa basilare è che qualora ci sia un problema da affrontare, i Tribuni del

la plebe, siano tutti uniti e non distanti perché di partiti diversi, ci si occupa tutti insieme dei problemi del territorio!

Né per loro, né per Sindaci ne Vicesindaci, Ministri e quant'altro, sarà possibile a buon bisogno cambiare bandiera, a meno che non si sentano di denunciare gravi fatti, contro la Costituzione Italiana o i 10 Comandamenti, gravanti sul partito di appartenenza, in questo caso sarà accettato un voltagabbana. I Tribuni della plebe avranno la possibilità di scavare su chiunque come diritto e dovere di mansione, all'interno del comune e della regione, e sarà obbligo loro e dovere impedire ai disonesti di arrivare a Roma. Inoltre, dopo ogni scavo, avranno il diritto e il dovere di sputtanare rivelando la cruda verità.

I Tribuni della plebe si potranno candidare a Sindaco sempre, essendo stati eletti dai Cittadini, dopo i primi cinque anni di lavoro, con le regole dell'età e di servizio. Chiaramente eccetto i signori dei due partiti, che saranno esclusi dalla carica di Tribuno della plebe in quanto hanno dato spettacolo orribile, in ogni mansione, incapaci totali e spesso poco più che ventenni senza ne qualifiche ne attitudini, ne storia di vita, inetti e sicuramente utili in quanto causa principale di questo corso obbligatorio. Dai che lo sai! purtroppo a causa di fatti e personaggi conosciuti, si è sputtanato l'intero sistema, ingiustamente e a discapito degli onesti e capaci colleghi degli stessi servizi.

Collaborazione

Nota: Parte fondamentale della relazione, dei probabili futuri assessori, sarà descrivere perché il vostro lavoro si combinerà con il lavoro dell'assessore xxx, e questo vale, da ora in po, anche per i Tribuni della plebe, signori e vice signori e forze dell'orine.

Nota: Non ci saranno più appalti al ribasso, con le sgradevoli conseguenze che hanno portato, approfittate del corso svolto in HO.RE.CA e P. IVA per imparare a fare gli acquisti basta mafie e stronzaggini varie. Nel caso in cui andasse tutto bene il suo stipendio sarà da €. 1300 per lo stage e €. 2000 per i primi cinque anni da assessore, nota spese con massimali decenti e rimborsi per spese inerenti al lavoro, auto in dotazione da tenere sempre pulita e ordinata, lo stato si accolla le spese di manutenzione e assicurazioni, le multe ed eventuali decurtazioni punti sono cazzi suoi, ovviamente il ritiro della patente per stato ebrezza o droghe varie, costerà: il lavoro per sempre, 10 anni di carcere senza processo, e una multa pari ai denari ricevuti per l'intero periodo, "perché ci hai imbrogliato e ora ti fai inculare".

Dopo i primi cinque anni saranno i suoi Cittadini a chiederne il proseguimento o la sostituzione, avrà una serie di obiettivi da raggiungere nei primi cinque anni, con premio di fine anno per il raggiungimento 100%, raggiunto il quale varrà a punti l'aumento del suo stipendio fino a un massimo di €. 3000. Abolito il conteggio in funzione dei residenti nel comune di appartenenza!

Dopo due mandati consecutivi, da Assessore, cioè gradito dai compaesani, potrà candidarsi a Ministro, della stessa specialità, anche a Sindaco, previa nuova approvazione popolare, scelta del partito politico a cui accordarsi, dopo, appunto 5 anni, da cui 4 in formazione politica, seguito dai Consiglieri del suo comune, non potrà assolutamente fare un secondo lavoro, pena carcere a vita e restituzione dei denari ricevuti. Quindi è chiaro che la politica viene in secondo piano, prima devi essere una brava persona, capace. Il Vicesindaco è quello che prende voti in posizione di secondo, all'eletto Sindaco. Sarà chiaro poi, che gli Assessori saranno apolitici, per i primi cinque anni e seguiranno, settimanalmente, i corsi politici tenuti dai Tribuni della plebe, al contrario del Sindaco e del Vicesindaco. Rimarranno quindi politici i Tribuni della plebe, certamente dell'opposizione o no, con la funzione di controllo sull'operato del comune, del Sindaco e suo Vice, che avranno un numero di anni di lavoro per cui saranno certamente schierati politicamente.

Ovviamente, fino a che non siamo pronti, gli inetti che ricoprono tali cariche oggi, redatti politicamente e incapaci totali, andranno, o fare il percorso, o a lavorare finalmente, via dai Comuni, e saranno sostituiti dai Tribuni della plebe, fra i quali il Popolo eleggerà il capo. Lo stipendio di Sindaco, Vice, Ministri, con le stesse formule partirà da €.3000, per chi arriva da Tribuno della plebe e potrà arrivare a €. 4000, da €. 2000 a €. 3000 per chi arriva da assessorato, se sarà così capace di portarseli a casa. Non esisteranno mai più gli stipendi SUPERSTAR fino a che il popolo non sarà portato da gente capace ad una situazione di parità, e non esista neanche una persona in stato di povertà! E comunque rimangono, per lo stato del paese e per ciò che la politica ha portato al popolo, santi stipendi! L'importante è capire il concetto di passione, di sentirsi portati per qualcosa, di metterci la faccia e anche il Q talvolta, basta poltrone in un Italia disastrata nel suo dentro, per aiutare serve la vocazione politica, non la caccia alla notorietà e alla poltrona.

Troviamoli quelli disposti a fare un percorso del genere, e diventiamo i più forti del mondo, senza Logge, Mafie, Lobby, Cooperative, OMG, N.A.T.O., ONU.

Il potere non deve esistere più cosi, mai più!

Nota: La politica non sarà mai più il piano B per chi ha tentato la fortuna in TV, cinema. Da ora in poi per entrare in parlamento e dintorni, l'unico organo obbligatorio da usare in esclusiva sarà il cervello!

Nota: Nessuno appartenente a logge massoniche e lobby di ogni sorta, bancari, e con duplici interessi potrà partecipare in qualsiasi forma alla politica ne istituzioni comunali, regionali, nazionali e non potranno più votare, causa uno dei loro principi di fratellanza, dove è obbligo aiutare il proprio fratello, e non spiegano mai che è a discapito di chiunque. So per vissuto di chi ci ha lasciato il Q.

Che governino le loro logge e quant'altro, a noi serve gente leale con tutti. Fine ai finti lavori gratuiti e leccaculismo di scambio con i partiti, che poi li devono sbattere da qualche parte, perché i favori si ricambiano in politica come nella mafia, e sempre il popolo paga l'ignoranza di chi viene messo nei posti vari, per motivi che non riguardano le capacità dell'individuo. Bell'esempio lo scandalo della ministra che ha calpestato non so quanti lavoratori e li rimane!

Operare su ciò che è stato corrotto
Signori e Vice signori dei Comuni

Dal primo giorno dell'attuazione delle norme, vanno a casa e saranno sostituiti dai Tribuni della plebe che tramite breve campagna provinciale, saranno eletti dai cittadini, se confermati i già presenti. Il voto non sarà più, anzi, mai più segreto. I risultati delle elezioni saranno pubblicati su internet alla visione di chiunque, sul sito del comune con nome, cognome, data di nascita e lavoro attuale, con foto, e si faranno le elezioni ricandidando evidentemente anche i già votati.

Così che si impari a metterci la faccia e il Q se si crede davvero in qualcosa!

Nota: I Signori che hanno accordato la possibilità di aprire a mille supermercati anche uno a fianco all'altro, avranno a vita la responsabilità degli eventuali fallimenti degli stessi. Saranno inoltre responsabili della perdita del lavoro dei dipendenti di tali supermercati.

Responsabili significa che pagheranno di loro tasca, le problematiche lavorative che verranno fuori per forza dai troppi esercizi vendenti gli stessi articoli, per la stessa popolazione che in sei mesi difficilmente può quadruplicare, sia che in numero che in capacità di acquisti. Questo serva anche a dimostrare quanto un popolo intero possa pagare il prezzo di avere degli ignoranti totali che decidono per loro. Nel caso di un supermercato ci sono delle regole, in base alla metratura il numero dipendenti, supermercati nell'area e numerica di popolazione, se non si seguono scrupolosamente tali regole, i felici dipendenti avranno uno stipendio da fame che oltretutto rischiano di perdere.

Qualora venissero trovate altre motivazioni nascoste da parte dei "Signori" per avere lasciato procedere i supermercati a strapparsi gli occhi fra di loro, i Signori tali, senza processo, saranno raccolti insieme, almeno per partito, in un Acquario delle Meduse per 30 giorni, dove il pubblico nonché i votanti, possano ammirare dove porta l'ignoranza che uccide i lavoratori. Poi saranno spediti al carcere di Rebibbia, ma si che ci stanno! Ne mettiamo uno per stanza in aggiunta a chi già risiede, e cosa sarà mai. dove si sta in 12 si sta anche in 13!

Così pagheranno anche per le migliaia di immobili comunali lasciati allo sfascio, che deturpano le città e dopo il deturpamento sono comprati alle aste e richiedono anni di lavori, creando altri disagi. Da ora in poi sarà severamente vietato trascurare i beni immobiliari assegnati alla responsabilità/proprietà dei comuni. Tale trascuratezza sarà quantificata in euro i quali verranno restituiti nonché detratti dagli stipendi degli assegnatari e di chi ha avvallato e acconsentito.

Chiaramente a causa di fatti e personaggi noti, si è sputtanato l'intero sistema, ingiustamente e a discapito di quegli operatori onesti e capaci presenti nelle categorie indicate.

Nota: in un Paese ben governato la povertà è qualcosa di cui vergognarsi. In un Paese mal governato la ricchezza è qualcosa di cui vergognarsi (Confucio V sec. a.C. 500).

Operare su ciò che è stato corrotto

Cacas ex Giuilio Cesare

In tutti noi credo ci sia un caloroso e affettuoso ricordo di Pertini, uomo indiscutibilmente pulito! Il "poi" che seguì, nel momento più difficile del Paese, disse in TV, che i non vaccinati uccidevano i vaccinati, al di là dell'ingiustizia, e non fatto scientificamente provato, dimostrando di parlare ripetendo a paperella su un argomento che non è certo il suo.

Non mi pare un medico e la scienza ha smentito queste sue parole. Inoltre ci fu una sentenza di un Giudice di Padova, ad Aprile 2022, che descriveva appunto il tampone, ovviamente negativo, come massima e unica sicurezza, se quotidiano, di non essere e non contagiare nessuno con il Covid. Al contrario dei vaccinati, i quali con la malattia e senza obbligo di tampone, potevano entrare in RSA e contagiare chiunque. Entrando solo i vaccinati infatti ogni massimo 10 giorni le RSA chiudevano in quanto era entrato un contagio da, ovviamente, un vaccinato. Non c'è stata libera scelta di accedere alla soluzione migliore, e molta gente come me, i 3000 euro circa di tamponi non li aveva, quindi: "caro erede di Cesare", anche se Cacas ex, detentore della Costituzione Italiana, la sua frase in TV, ancora rimane una cosa gravissima e l'ingiustizia ha fatto si che i ricchi potessero scegliere.

I poveri non hanno potuto rinunciare al lavoro, e sono stati costretti a fare qualcosa contro la propria volontà. Indipendentemente dal giusto allo sbagliato, considerando i dati che abbiamo a disposizione, sopruso della persona al quale il protettore della Costituzione Italiana ha dato sostegno.

E al quale non è importato nulla, neanche della Costituzione Italiana." Io avevo mia mamma di 93 anni in RSA, e non me la lasciavano vedere, scrissi a Lei e mi risposero che non era l'ufficio giusto. L'ufficio del detentore della Costituzione Italiana, non si poteva occupare di questo? Gli mandai molte PEC, senza ricevere ne scuse ne risposte, a questa domanda, ricevetti risposte di giro agli altri uffici per i problemi vari del Covid. E del mio lavoro mai comunque nominato." Pare che la segretaria che legge le PEC sia una persona estremamente gentile ed educata, tuttavia una risposta di presa in carico di una delle questioni dal dotto Cacas ex Cesare, non l'ho mai ricevuta. "Gentilissimo signore, lei ha avuto una famiglia troppo influente per comprendere come sta la gente comune e per esercitare, come necessita ad un popolo, questo ruolo, ovviamente secondo me".

Beh, ormai è andata. Io, il Popolo, ho il diritto, se siamo in Democrazia, di dissentire e lo sto semplicemente facendo. Ho letto una, pare rara copia, del primo libro sulla sua famiglia. Per curiosità e ammirazione e per capire più cose possibili dalla storia, tutti dobbiamo diventare intenditori di storia e del nostro Popolo, libro molto interessante anche si chi lo ha scritto non si trova, tuttavia Lei che è il protagonista nonché ciò che rappresenta per il popolo e ha preso parte alla dittatura del vaccino, potrebbe incontrare il popolo apolitico ad una bella assemblea pubblica con Lei. Le confusioni vanno chiarite! Per la visione popolare del suo mestiere profumatamente retribuito, lei non ha il diritto di astenersi in alcunché, e nemmeno un "non sapere" le può essere giustificato, a meno che generosamente lo dichiari, casomai ha il dovere di dire sempre ciò che è, e alla sua età una menzogna assumerebbe una gravità incommensurabile! Chiaramente nell'ipotesi che, dove io Popolo ho il diritto di fare domande e ricevere risposte. Soprattutto da Lei che ha un ruolo abbastanza importante in questo Paese, e al quale spesso tutti noi si è scritto come al Padre dopo Dio e dopo il nostro.

Attendevamo le sue considerazioni per lo scandalo delle mascherine. È stata una cosa gravissima usare i denari mentre le attività d'Italia colavano a picco. Vorrei anche comprendere da Lei, come è stato possibile che nel febbraio 2021, siano stati raddoppiati gli stipendi ai sindaci e agli assessori? Mentre Lei riceveva mail di gente che si impiccava perché le imprese di molti sono colate a picco, quindi la decisione massima è di raddoppiare gli stipendi agli unici che oltre diciamo lavorare se vogliono, hanno un lavoro sicuro e pur avendo uno stipendio da sogno hanno tutti più di un lavoro? E che Sindaci, Vicesindaci e Assessori abbiano anche attività in proprio è pure legale senza che come al solito nessuno se ne vergogni.

Com'è possibile che i suoi coetanei li vogliate felici a €. 1000 al mese, dove peraltro siete molto lontani, non tutti i Pensionati arrivano al momento a €. 500, e i Parlamentari, giunge voce che per Natale 2022, si sono fatti il regalo di €. 5500. Per gli acquisti tecnologici, perché con il loro piccolo stipendio sono sicuramente fuori budget. Qualcuno di voi, in TV, ha dichiarato che non si abbassa il costo dei carburanti. Non sarebbe corretto. In quanto ne usufruissero anche quelli che hanno lo stipendio alto. Desidererei una spiegazione dalla Sua onorevole persona, e sapere, la sua sulla Costituzione Italiana.

Potrà scrivere alla mail nell'ultima pagina con la liberatoria sulla privacy, se Le facesse piacere che la risposta fosse pubblicata. La ringrazio. In cambio le svelo un segreto che Lei sicuramente sapeva da bambino, poi tramite varie vicissitudini glielo hanno cancellato: neanche Lei, al quale si legge il dubbio negli occhi, è immortale.

Certo che ci ammazziamo dalle risate a leggere la mia storiella sui Dieci Comandamenti. Tutti nella vita più lunga, che inizia quando questa finisce, pagheremo soprattutto per avere creato disagio al nostro prossimo, nessun bene sarà portato con sé, rimarrà solo con ciò che ha prodotto nella vita, assolutamente come me. Oppure potrà godere di aver donato aiuto e saggezza al suo popolo e averne agevolato le questioni della vita terrena.

C'è da temere per l'unica certezza che abbiamo in vita, cioè di morire, prima o poi, di là non ci sono amichetti con cui concordare, anche conservando quel concetto di influenza, non si concorda più nulla se non con Dio, il quale sa. La riflessione conseguente su come siamo oggi per presentarci al "principale", io posso ipotizzare e sbagliare. Il principale sa tutto! Pare che abbia pure un termometro che misuri il Ponzio Pilato che è in noi, speriamo che sia da ascella! Nei vostri palazzi ce ne sono diversi che se andassero oggi, mentre vivono girati di schiena che piuttosto di alzare un dito se lo tagliano, potrebbero contemplare lo scempio compiuto nei confronti del mondo compiuto dalle loro esistenze.

Non voglio offendere nessuno, solo non sono pratica di parlare in "bigotto" e mi esprimo proprio per farmi capire: Ponzio Pilato era il cattivo, non l'esempio da copiare, l'omissione non è meno vile della menzogna. Lo scandalo mascherine. Lo scandalo tamponi.

Lo scandalo vaccini. La verrei a trovare volentieri, per sapere come fa a tacere. In ultimo desidero Lei sappia che la fantasiosa novella fatta per la sua ultima riaffermazione, un 90% del popolo l'ha compresa, nonostante il vostro impegno a dividerci, sia vaccinati che non, siamo finalmente riusciti di nuovo a vedere le stesse cose! E comunque per il prossimo, sarà adottato il sistema: "voto mai più segreto" come già scritto per le votazioni eletto dai consiglieri comunali, che andranno, come i Tribuni della Plebe, a rappresentare i propri Comuni e la volontà dei loro Cittadini. Come il significato di "Democrazia" suggerisce, il potere torna al Popolo. Meno spesa, massimo rendimento!

Le precedenti categorie che votavano per questo si faranno gli affaracci propri, dopo troppi anni di mafiose maialate, andranno bonificati per almeno 30 anni prima che possano di nuovo votare anche solo per la carta igienica: il voto torna al popolo! La parte di Costituzione che riguarda i Vostri ombrelli ed elezioni di caste varie, andrà riscritta democraticamente, previo assemblea nazionale con i Consiglieri/Tribuni della plebe, che rappresenteranno, come Tribuni della Plebe, il volere del Popolo. Come da ora in poi, voti senza segreti, con norme nell'apposito paragrafo sopra indicate. Quindi i prossimi saranno sicuramente derivanti dalla formazione che serve per aiutare e sostenere i propri Cittadini, questo format dell'amico ha decisamente fallito e fatto fallire diversamente il popolo, sempre in maniera tutto fuori che democratica. L'amico dell'amico non c'è più!

Chiaramente, e ingiustamente, a causa di personaggi, e fatti noti, si è sputtanato un intero sistema che mi obbliga a leggerlo e scriverlo al plurale. Ingiustamente riguarda gli appartenenti alla stessa sezione di operatori, onesti e capaci. Art. 13. La libertà personale è inviolabile. Non è ammessa forma alcuna di detenzione, di ispezione o perquisizione personale, ne´ qualsiasi altra restrizione della libertà` personale, se non per atto motivato dell'autorità` giudiziaria [6, 7] e nei soli casi e modi previsti dalla legge [253]. In casi eccezionali di necessità ed urgenza, indicati tassativamente dalla legge, l'autorità di pubblica sicurezza può` adottare provvedimenti provvisori, che devono essere comunicati entro quarantotto ore all'autorità` giudiziaria e, se questa non li convalida nelle successive quarantotto ore, si intendono revocati e restano privi di ogni effetto.

E` punita ogni violenza fisica e morale sulle persone comunque sottoposte a restrizioni di libertà [273]. La legge stabilisce i limiti massimi della carcerazione preventiva.

Art. 16. Ogni cittadino può` circolare e soggiornare liberamente in qualsiasi parte del territorio nazionale, salvo le limitazioni che la legge stabilisce in via generale per motivi di sanità o di sicurezza. Nessuna restrizione può` essere determinata da ragioni politiche [1201, XIII2]. Ogni cittadino è libero di uscire dal territorio della Repubblica e di rientrarvi, salvo gli obblighi di legge [354].

Art. 28. I funzionari e i dipendenti dello Stato e degli enti pubblici sono direttamente responsabili, secondo le leggi penali, civili e amministrative, degli atti compiuti in violazione di diritti. In tali casi la responsabilità` civile si estende allo Stato e agli enti pubblici [972].

Art. 32. La Repubblica tutela la salute come fondamentale diritto dell'individuo e interesse della collettività`, e garantisce cure gratuite agli indigenti. Nessuno può` essere obbligato a un determinato trattamento sanitario se non per disposizione di legge. La legge non può` in nessun caso violare i limiti imposti dal rispetto della persona.

Art. 91. Il Presidente della Repubblica, prima di assumere le sue funzioni, presta giuramento di fedeltà alla Repubblica e di osservanza della Costituzione dinanzi al Parlamento in seduta comune.

Operare su ciò che è stato corrotto

La legge divina di semina e raccolta

Chi siede al posto dei senex, se non è degno vada a casa

Faremo un esperimento con questi soggetti, tipo quello delle RSA senza ritegno. Senza T.F.R. e pugnette varie, dall'oggi al domani, "vanno a casa." Voglio essere generosa: percepiranno addirittura €. 500 di pensione, a patto chiaramente che ci siano gli anni di contributi, pari a quelli che dobbiamo avere noi che lavoriamo e l'ovvia l'età pensionabile.

Se non ci arrivano chiederanno il reddito di cittadinanza. Già, però non c'è più! L'unica cosa utile al popolo, stata fatta dai discutibili governi precedenti non c'è più, beh, tanto so io che se possiedi qualcosa non lo potevi avere e i senex, ex senex, possiedono abbastanza. La maggior parte del gruzzoletto è fatta con la paghetta dei contribuenti più le altre attività, che a noi non sono permesse. Ora continuate ad occuparvi delle altre attività senza coinvolgere lo Stato e il Popolo. Pensate quante somme risparmiate e nel suo insieme, cosa ci si può fare! Userei quei denari, per risanare le parti d'Italia costruite sull'abusivismo, tolto prima un 50% dalle tasche di chi ha firmato i condoni, anche se, considerando la consapevolezza degli abitanti, prima ridarei un tetto ai terremotati degli ultimi 50 anni che ancora aspettano.

Dove non c'è almeno un consapevole abusivismo di costruzione. Perché se ti fai la casa su un terreno pericoloso e lo sai, imbrogli per farlo lo stesso, a me piange il cuore perché sicuramente i bambini che ci lasciano la pelle non hanno certo deciso nulla. Mi spiace anche per chi ha deciso, assolutamente, tuttavia nella consapevolezza, poi piangere non risolve il dramma, e i terremotati di case pagate come da regola, hanno la precedenza. I costi per le case e le cose, i mancati guadagni per l'alluvione di Romagna, saranno a totale carico dei responsabili.

Il gruzzoletto che si risparmierebbe, ci permetterebbe senza meno di occuparci di entrambe le cose. Oltre che ricoprire tutta l'Italia gratuitamente di pannelli solari, perpetui, o comunque con una durata non inferiore a 50/60 anni, e riparabili; trasferire e formare per ciò che serve, sempre con i denari tolti ai Senex farlocchi, il personale dei servizi acqua luce e gas. Ma quanti sono questi denari? Rimane ancora il resto.

Cari senex, che con SENEX dell'antica Roma non c'entrano un beato cz, sono finiti i negozi alimentari e i rappresentanti di molti settori a causa dell'evoluzione. Oggi tocca a voi! Purtroppo, a causa di fatti noti, si è sputtanata un intera categoria, ingiustamente e a discapito degli onesti e capaci loro colleghi.

Operare su ciò che è stato corrotto
Le poltrone del Parlamento

È ovvio e mi ripeto, ma lo scrivo ugualmente. Mai sotto i quarant'anni. Corso obbligatorio da qualsiasi punto si parta, anche se dovrebbe essere il punto di partenza consigliere o assessore. Nessun attore, attorucolo e attricetta smessa, carriere di arbitro fallite o altre merdaggini che portano solo ad essere conosciuti per strada, senza nessuna passione politica né senso civico né particolare attitudine. No paperine, che sviliscono l'intento femminile, e di donne vere c'è bisogno! No massoni, ne italiani ne londinesi, ne lobby varie, lontani dalle cooperative e dai bancari. Le promesse fatte al pubblico elettorale andranno registrate e riascoltate in Eurovisione ogni volta che un tizio razzola male e non le mantiene.

Espulso dalla politica senza fase di ritorno, restituzione di tutti i denari percepiti, sequestro dei beni fino alle mutande. Ci fu un tizio, che per trenta anni fece lo splendido, insegnando al mondo le falsità della politica, ed è stato seguito e difeso a spada tratta da più di una generazione. Proporrei ciò che i dieci comandamenti non consentono, tuttavia ci potremmo accontentare di una lapidazione di 30 giorni al fine di concedere a tutti i cittadini d'Italia di lanciare la propria palla di MRD in bocca a tizio.

Sarà vietato appallottolare la MRD con sassi, se no non ci dura abbastanza, non è certo uno abituato alla fatica fisica, sarà invece libera scelta la qualità della MRD, da umana ad animale di qualsiasi razza. Se non ne avete abbastanza di vostra, tramite apposite rastrelliere sarà in parte raccolta, riciclata e riutilizzata. Per chi arrivasse sprovvisto si metterà a disposizione dei viandanti una toeletta. L'individuo sarà comunque nutrito a pane e acqua, non sarà lavato, rimarrà vestito della realtà che ci ha nascosto di se stesso per 40 anni.

E gliela regaliamo indietro gratis, finita la lapidazione, vasca delle meduse! Poi fuori dai coglioni senza un euro in tasca come tutte le persone alle quali ha promesso qualcosa. Che torni a lavorare se qualcuno se lo caga, suggerirei un ritorno a Londra dove i suoi influenti amici ai quali ha fatto sicuramente più piaceri che al popolo italiano, indubbiamente avranno di che ospitarlo.

Purtroppo, a causa di alcuni misfatti noti, si è sputtanata un intera categoria, a discapito e ingiustamente per i soggetti onesti e capaci operanti le stesse mansioni.

Operare su ciò che è stato corrotto
Particolarmente Azzeccagarbugli

Se è vero che difendete anche i ladri, gli assassini, i pedofili, il fatto che non difendiate un poveraccio, esempio, da una banca perché ogni tanto siete anche dall'altra parte, vi cancellerà dall'ordine e vi sottoporrà a un mese in una bella piscina piena di meduse, in acqua calda, legati con comunque m 1, 5 di movimento, ci farete anche i bisognini e se per caso vi viene sete, vi dovrete accontentare, tanto un pizzico di cloro che disinfetta c'è, sarete soli per rispettare la vostra privacy di rimanere come mamma vi ha fatto, vi apriamo dopo 30 giorni per portarvi in carcere. Potete approfittare per meditare lungamente sulle vostre stronze carognate propinate a chi vi ha offerto un lavoro, fidandosi della vostra professionalità.

Se non reggete e crepate, pazienza, ce ne faremo una ragione, per quanta gente, visto che vi abbiamo beccato, avete fatto schiattare voi! Perché, di ingiustizia si crepa! Quindi anche in questi mestieri, ci vorrà tanta onestà e passione, se non sei serio e non hai a cuore la sorte degli altri che dipende da te, sarai punito fino a crepare tu, non più i male difesi.

Non si può essere mercenari di giustizia, la giustizia è fatta secondo leggi, il bene e il male. Per voi è fatta spesso da chi è più potente e andargli contro è un rischio, è fatta da chi ha più denaro e mai da chi ha più ragione. Se difendete un Povero, minimo dovete avere un articolo sul giornale, perché un Povero che ha ragione, per la cifra pattuita, non vi basta di certo, anche se è l'unico che vi paga puntuale e vi dice pure grazie.

Nota: Un colpevole, cioè uno che è stato "beccato sul fatto", non potrà più ne essere difeso ne avere un processo! Cosi per togliervi un po di lavoro a scrocco e lasciare il posto a chi ne ha più bisogno, eliminando il tempo appunto per: pedofili, assassini, persecutori e uccisori di donne, ladri, spacciatori, politici corrotti in qualsiasi ambito. Purtroppo a causa di diversi fatti accaduti e conosciuti, si è sputtanata un'intera categoria, ingiustamente a discapito degli onesti e capaci, operanti negli stessi settori.

Formula giuramento Art:8 L.31.12.2012 nr. 247 - Impegno solenne

"Consapevole della dignità forense e della funzione sociale, mi impegno ad osservare con lealtà, onore e diligenza i doveri della professione di avvocato per i i fini della giustizia ed a tutela dell'assistito nelle forme e secondo i principi del nostro ordinamento".

Operare su ciò che è stato corrotto

Particolarmente i decisionisti di chi ha torto o ragione

Nessuno dei quali, può provenire da logge massoniche, come da camorre a ndranghete e mafie varie, lobby ecc... Nel caso in cui, se ne scopra la provenienza, sarà troncato e oltre che dieci anni di carcere, restituirà tutti i denari percepiti nel tempo di lavoro, a costo di vendersi le mutande, fare marchette sulla statale anche. Oltre che lo stesso percorso degli assessori, avranno un periodo di 6 mesi in un carcere dove i detenuti sono in sovraffollamento e ogni tanto si inculano qualcuno.

Al fine di fargli comprendere come è duro da sopportare da innocenti, in modo che stiano attenti a non mandarci qualcuno per errore. Ogni candidato dovrà presentare una relazione su come velocizzare la giustizia in Italia, al fine di riuscire a chiudere un processo di qualsiasi genere entro, dall'inizio della discussione, 12 mesi e fino a che la cosa non sarà funzionante in tale modo, saranno sospesi gli stipendi. Saranno messi a disposizione per la formazione ed il lavoro d'ufficio, tutti gli ex stipendiati, Vice ex stipendiati, Consiglieri dei due partiti espulsi, Assessori vecchio stampo e i fuoriusciti dalle Regioni, ovviamente solo per lo sbroglio carte, a 12 ore al giorno che devono recuperare il: "non ho fatto un cazzo dalla mattina alla sera per anni e ho preso lo stipendio". Tutti da formare, il progetto consiste anche nel chiedere quanti personaggi occorrono, dove e perché. Se imbrogliate qualcuno, sarete al pari torturati in quanto il vostro imbroglio a questo corrisponde per un comune cittadino. La corruzione ugualmente alla slealtà di chi viene davanti a voi, sarà punita a livello esemplare! E che non si senta mai più che una squadra di calcio ha un processo in un mese e i comuni Cittadini 10/30 anni. Certo è che se non vi arriva un briciolo di coscienza con il corso obbligatorio, altro che vasca delle meduse, propongo l'aquario dei rutti umani.

Le regole saranno le stesse, con la differenza che ora si applicano fino all'ultimo pelo che avete in Q! Ricordo inoltre che per Voi aiutare chi è dalla parte del giusto è un dovere e non un opzione, chiunque ci sia dall'altra parte! Se avete paura di scontrarvi con mafie e logge o cooperative del czz varie, avete sbagliato mestiere, considerando la stracorruzione forense, è normale anche che un cittadino si rivolga a Voi senza avvocato, e in quel caso va sostenuto ed aiutato nella forma, la dove un suggerimento può fare la differenza per fare valere le sue ragioni. Può succedere che il problema stesso sia anche causa di importanti ammanchi nelle tasche di chi si rivolge a Voi, e forse Voi altamente stipendiati che non avete mai vissuto la difficoltà dei conti, prima di chiedere e pretendere un avvocato, dovete comprendere la situazione che senz'altro Vi è stata raccontata in Italiano puro, ed aiutare la persona che ne ha necessità, ad espletare le sue richieste nelle formule consone al Vostro Onorevole ufficio e in modo da Voi accoglibile, spiegando i canoni da voi desiderati.

Questa è Coscienza! Purtroppo a causa dei vari fatti scorretti e conosciuti, si è sputtanato l'intero comparto, ingiustamente a discapito dei colleghi onesti e bravi.

Art. 24. Tutti possono agire in giudizio per la tutela dei propri diritti e interessi legittimi [113]. La difesa è diritto inviolabile in ogni stato e grado del procedimento. Sono assicurati ai non abbienti, con appositi istituti, i mezzi per agire e difendersi davanti ad ogni giurisdizione. La legge determina le condizioni e i modi per la riparazione degli errori giudiziari.

Operare su ciò che è stato corrotto
Direttori d'orchestra delle leggi

Saranno eletti dai Consiglieri Comunali, previa presentazione di ogni candidato, compreso di quanti peli ha in Q, ai Cittadini della provincia. Assolutamente né politici né massoni, laureati in materie giuridiche con 20 anni di esperienze positive, tramite votazioni interne, anche per alzata di mano, i

Consiglieri Comunali interpreteranno la volontà dei Cittadini.

Già togliendo tutto questo, possiamo sperare che le questioni di ingiustizia siano prese più seriamente. Purtroppo a causa della negligenza di qualcuno, esercitata per fatti a noi conosciuti, si è sputtanata tutta la categoria, a discapito ingiustamente degli operatori onesti e capaci dello stesso comparto.

Operare su ciò che è stato corrotto
Direttori d'orchestra dei tribunali

Assolutamente con il percorso uguale agli altri, con obbligo di tre lauree. Una magistrale e l'altra in scienze religiose e una almeno in scienza delle pubbliche amministrazioni/relazioni internazionali/scienze statistiche attuariali finanziarie, quindi più master/dottorato che completi il curriculum. Un esame dopo il corso con le regole del caso, un esame dopo i tirocini, con le regole del caso, più due prove scritte su esempi pratici da affrontare. Dopo un tirocinio presso Giudici, PM e Procuratori della Repubblica, di almeno tre anni, uno per questione, non prima di anni di età 40, potrà intraprendere il mestiere. Con gli obblighi già citati: - No massoni - Test droghe e alcool - Fedina penale e C.R.I.F. pulite Giusto o sbagliato che sia, in un Paese che dice di essere democratico, a oggi c'è un numero troppo alto di persone che hanno perso la fiducia.

A ragion di popolo pare che la conferma della legalità dell'obbligo vaccinale, sia una grave mancanza rispetto alla verità delle cose e scientificamente dei fatti accaduti. Fosse anche sbagliato, per una questione democratica, per il numero delle persone che lo sostiene: gli elementi decisionali del suddetto comparto saranno licenziati immediatamente, senza né TFR né pensione, perché siamo così sicuri che gli devono bastare le scelte che hanno fatto, se erano scelte! Il sopracitato alto numero di persone ritiene che per sbagliare così violentemente, i signori ex impiegati dello Stato e quindi del popolo, dato che hanno, sicuramente con estrema facilità privato chi ha portato avanti la propria idea dello stipendio, confermando la legittimità del non restituirlo, messo da parte un gruzzoletto con il quale finiranno la propria vita.

Gli sarà così con la stessa estrema facilita, restituito ciò che hanno fatto agli altri. Più, ovviamente, uno studio di settore sui denari da loro percepiti, e una lente di ingrandimento su quelli percepiti dall'obbligo vaccinale in poi, che sarà incrociato con le proprietà acquisite prima e negli ultimi due anni, le quali fino ad indagini concluse, saranno in stato di fermo. Chiaro che i presunti colpevoli, e non presunti innocenti, dovranno pagare comunque per i loro immobili gli oneri erariali e non potranno né vendere un pelo né espatriare. Da ora in poi anche qui saranno presenti, quattro tribuni del popolo (consiglieri comunali eletti dal popolo con voto visibile) per ognuna delle tre congiure.

L'unica cosa atta a sospendere la pena, è che qualcuno di loro porti la verità, documentata il più possibile: i misfatti, le menzogne, e il motivo che li ha portati a merdeggiare in questa maniera nei confronti del loro Popolo, e mi aspetto un libro di nomi come quello della P2. La relazione del pentito, deve essere chiara, e di facile ascolto popolare, affinché la parte di popolo che avete imbrogliato vergognosamente, smetta di prendersela con il Concittadino che ha tentato di evitargli un problema, ma se la prenda con lo Stato che per interessi, che si diranno, lo ha fottuto come un paperino, esaltando finti patriottismi e un sacco di frasi ciarlatane, sia via Radio che via TV. A questo seguirà un "lungo gabbio", i quali anni per carnefice, saranno democratica-mente decisi dal popolo che confluirà nei consiglieri/tribuni. Purtroppo a causa di diversi fatti conosciuti, si è sputtanato l'intero comparto, ingiusta-mente a discapito degli operatori onesti degli stessi mestieri.

Art. 134. (1) La Corte costituzionale giudica [VII2]: sulle controversie re-lative alla legittimità` costituzionale delle leggi e degli atti, aventi forza di legge [76, 77], dello Stato e delle Regioni [127]; sui conflitti di attribuzione tra i poteri dello Stato e su quelli tra lo Stato e le Regioni, e tra le Regioni; sulle accuse promosse contro il Presidente della Repubblica, a norma della Costituzione.

Art. 136. Quando la Corte dichiara l'illegittimità costituzionale di una nor-ma di legge o di atto avente forza di legge [134], la norma cessa di avere effi-cacia dal giorno successivo alla pubblicazione della decisione. La decisione della Corte e` pubblicata e comunicata alle Camere ed ai Consigli regionali interessati, affinché´, ove lo ritengano necessario, provvedano nelle forme costituzionali.

Art. 137. Una legge costituzionale stabilisce le condizioni, le forme, i termini di proponibilità` dei giudizi di legittimità` costituzionale, e le garanzie di indipendenza dei giudici della Corte. (1) Con legge ordinaria sono stabilite le altre norme necessarie per la costituzione e il funzionamento della Corte. Contro le decisioni della Corte costituzionale non e` ammessa alcuna impu-gnazione.

Nota: la mente dell'uomo superiore ha famigliarità con la giustizia. La mente dell'uomo mediocre ha famigliarità con il guadagno (Confucio V sec. a.C.).

Operare su ciò che è stato corrotto
Le Regioni

Se non lo sai, i Presidenti di Regione hanno il potere di nominare i direttori sanitari di ospedali, direttori amministrativi delle Unità sanitarie locali e direttori generali. In questo modo c'è la possibilità che si creino sbilanciamenti a favore della fede politica, dai quali sono escluse le reali esigenze dei malati, delle strutture e di chi lavora seriamente nella sanità.

Non c'è principio di indipendenza, per questo è obbligatorio togliere la gestione della sanità pubblica ai politici e di ridarla in mano ai cittadini e a persone qualificate nella sanità: la sanità pubblica in Italia viene smantellata giorno dopo giorno e diventa, lo è già, un lusso solo per chi può permetterselo. Dando più potere ai Consiglieri Comunali popolani, essendoci tolti gli inetti dai coglioni, potremmo liberarci gradualmente della Regione, e risparmiare soldi da dividere per le Provincie, lasciamo un anno di affiancamento alle regioni da parte dei Tribuni, affinché possano spartirsi le mansioni fra tutte le province.

I comuni sotto 650.000 abitanti saranno assoggettati al comune vicino, i comuni saranno fra i 650.000 e 900.000 abitanti, con ritocco per ecccsso se rimane fuori qualcosa. Saranno adornati i Consiglieri popolani in base al numero della popolazione, non esisteranno più Comuni con 1000/10.000 abitanti con tanto di giunta comunale. Dobbiamo risparmiare e lavorare solo con chi ne ha voglia. Aiutare il mondo del lavoro e stare più concentrati. Con tutti "sti" con faccio un czz dalla mattina alla sera è ora di tagliare, allora li troviamo gli euro per salari minimi e i 1600 euro per e pensioni. Molti incaricati delle regioni hanno seriamente dimostrato di non servire ad altro che a loro stessi e non va bene certo che durante la catastrofe della Romagna si legga l'articolo di giornale riportante la notizia di un anno fa della restituzione, da parte della regione Emilia Romagna, dei 55 milioni di 72 ricevuti per la pulizia dei fiumi, non che siano gli unici responsabili, altri ignoranti dei Comuni di appartenenza li avranno assecondati, e per questo bisogna fare piazza pulita: siamo in mano a gente pericolosa! Agenti di commercio! In Q anche il meteo! E sbrighiamoci prima che qualcuno sgattaioli a Roma, che poi bisogna tirarli fuori per le orecchie, e magari fa un po' schifo, che non sempre sono pulite.

Causa qualche personaggio si è sputtanato l'intero comparto, purtroppo e ingiustamente anche a discapito di quei regionali onesti e capaci. Art. 119. I Comuni, le Province, le Città` metropolitane e le Regioni hanno autonomia finanziaria di entrata e di spesa, nel rispetto dell'equilibrio dei relativi bilanci, e concorrono ad assicurare l'osservanza dei vincoli economici e finanziari derivanti dall'ordinamento dell'Unione europea.

(1) I Comuni, le Province, le Città metropolitane e le Regioni hanno risorse autonome. Stabiliscono e applicano tributi ed entrate propri, in armonia con la Costituzione [532] e secondo i principi di coordinamento della finanza pubblica e del sistema tributario. Dispongono di compartecipazioni al gettito di tributi erariali riferibile al loro territorio. La legge dello Stato istituisce un fondo perequativo, senza vincoli di destinazione, per i territori con minore capacità fiscale per abitante.

Le risorse derivanti dalle fonti di cui ai commi precedenti consentono ai

Comuni, alle Province, alle Città` metropolitane e alle Regioni di finanziare integralmente le funzioni pubbliche loro attribuite.

Per promuovere lo sviluppo economico, la coesione e la solidarietà` sociale, per rimuovere gli squilibri economici e sociali, per favorire l'effettivo esercizio dei diritti della persona, o per provvedere a scopi diversi dal normale esercizio delle loro funzioni, lo Stato destina risorse aggiuntive ed effettua interventi speciali in favore di determinati Comuni, Province, Città` metropolitane e Regioni. I Comuni, le Province, le Città` metropolitane e le Regioni hanno un proprio patrimonio, attribuito secondo i principi generali determinati dalla legge dello Stato. Possono ricorrere all'indebitamento solo per finanziare spese di investimento, con la contestuale definizione di piani di ammortamento e a condizione che per il complesso degli enti di ciascuna Regione sia rispettato l'equilibrio di bilancio. E` esclusa ogni garanzia dello Stato sui prestiti dagli stessi contratti.

Art. 120. (2) La Regione non può` istituire dazi di importazione o esportazione o transito tra le Regioni, ne´ adottare provvedimenti che ostacolino in qualsiasi modo la libera circolazione delle persone e delle cose tra le Regioni [161], ne´ limitare l'esercizio del diritto al lavoro in qualunque parte del territorio nazionale. Il Governo può` sostituirsi a organi delle Regioni, delle Città` metropolitane, delle Province e dei Comuni nel caso di mancato rispetto di norme e trattati internazionali o della normativa comunitaria oppure di pericolo grave per l'incolumità e la sicurezza pubblica, ovvero quando lo richiedono la tutela dell'unità giuridica o dell'unità economica e in particolare la tutela dei livelli essenziali delle prestazioni concernenti i diritti civili e sociali, prescindendo dai confini territoriali dei governi locali.

La legge definisce le procedure atte a garantire che i poteri sostitutivi siano esercitati nel rispetto del principio di sussidiarietà e del principio di leale collaborazione. Come esempio qualche articolo romagnolo dei giorni di alluvione.

Con l'Emilia Romagna sott'acqua due volte nel giro di quindici giorni torna sul tavolo la questione dei 55 milioni di euro che la Regione avrebbe restituito e destinati a opere idrogeologiche. Quella somma avrebbe potuto cambiare le cose? Non è sempre bello parlare col "senno di poi". Ma a volte forse è necessario. "Siamo di fronte a un nuovo terremoto, ma ricostruiremo tutto" ha dichiarato di nuovo il presidente dell'Emilia Romagna Stefano Bonaccini durante un ulteriore punto stampa per aggiornare sull'alluvione che da ieri 17 maggio ha annegato un'intera regione. Per la precisione, la seconda alluvione in quindici giorni, più devastante della prima, con più morti: quattordici.

In occasione del primo evento di maltempo eccezionale, il giornale Open aveva lanciato un'accusa alla regione Emilia Romagna sulla gestione della sicurezza idrogeologica. In ballo c'erano 55 milioni di euro che - tra il 2021 e il 2022 - sarebbero stati restituiti al governo invece che essere investiti nella messa in sicurezza di fiumi e montagne.

Operare su ciò che è stato corrotto

Maltempo. Bonaccini: un altro terremoto, evento imprevedibile

Accuse e repliche. La giunta regionale dell'Emilia Romagna con presidente Stefano Bonaccini e vicepresidente Elly Schlein ha restituito fra il 2021 e il 2022 al ministero delle Infrastrutture 55,2 milioni di euro di un finanziamento di 71,9 milioni di euro ricevuto dallo Stato per la manutenzione e la messa in sicurezza dei corsi di acqua della Regione. I soldi come riporta la Corte dei Conti nei suoi rapporti 2021 e 2022 sulla Emilia Romagna sono stati restituiti perché la Regione non è stata capace di spenderli nei tempi previsti come stabilito dai contratti di finanziamento a carico dello Stato.

Quei fondi che Bonaccini, Schlein e la squadra di assessori in carica non sono stati capaci di spendere avrebbero evitato il disastro compiuto dal maltempo in queste ore.

Nell'elenco degli interventi previsti in quei finanziamenti perduti c'erano infatti anche la "Manutenzione ordinaria per sistemazione rete idrografica del bacino Lamone", i "Lavori di sfalcio, taglio vegetazione riprofilatura e ripristino sponde in frana in tratti saltuari nei corsi d'acqua dei Bacini del T. Idice e del T. Sillaro", e pure gli "Interventi urgenti e d'emergenza nei corsi d'acqua dei bacini del torrente Idice", quelli "d'emergenza nei corsi d'acqua dei bacini del torrente Sillaro", nonché i "Lavori di sfalcio, taglio vegetazione riprofilatura e ripristino sponde in frana in tratti saltuari dei torrenti Idice, Savena, Sillaro, Quaderna, Gaiana e Fossatone", i "Lavori di Manutenzione Torrente Ravone" e tanti altri. Comunque tutti i lavori per mettere in sicurezza proprio i corsi di acqua ora esondati.

La Corte dei Conti riferisce che Bonaccini, Schlein & c. si sono difesi sostenendo che per lo più quelle cifre non erano state utilizzate per le "dinamiche del Patto di stabilità che ha impedito di spendere le risorse residue". La sezione della Corte dei Conti davanti a cui si è svolto il contraddittorio non è sembrata credere a quelle giustificazioni, rimarcando invece "la obiettiva constatazione della mancata realizzazione da parte dell'Amministrazione regionale, in un arco di tempo durato oltre un decennio, dell'opera di sistemazione idrogeologica per l'importo di circa 55 milioni, oltretutto finanziato interamente dallo Stato e che, per via di quanto emerso, ha determinato la restituzione di detta somma al bilancio del Ministero".

Da parte sua la Regione Emilia Romagna, La giunta regionale dell'Emilia Romagna con presidente Stefano Bonaccini e vicepresidente Elly Schlein ha restituito fra il 2021 e il 2022.

Nota: testi tratti da OPEN - (direttore Franco Bechis) ministero delle Infrastrutture 55, 2 milioni di euro di un finanziamento di 71, 9 milioni di euro ricevuto dallo Stato per la manutenzione e la messa in sicurezza dei corsi di acqua della Regione. I soldi come riporta la Corte dei Conti nei suoi rapporti 2021 e 2022 sulla Emilia Romagna sono stati restituiti perché la Regione non è stata capace di spenderli nei tempi previsti come stabilito dai contratti di finanziamento a carico dello Stato.

Quei fondi che Bonaccini, Schlein e la squadra di assessori in carica non sono stati capaci di spendere avrebbero evitato il disastro compiuto dal maltempo in queste ore. Nell'elenco degli interventi previsti in quei finanziamenti perduti c'erano infatti anche la "Manutenzione ordinaria per sistemazione rete idrografica del bacino Lamone", i "Lavori di sfalcio, taglio vegetazione riprofilatura e ripristino sponde in frana in tratti saltuari nei corsi d'acqua dei Bacini del T. Idice e del T. Sillaro", e pure gli "Interventi urgenti e d'emergenza nei corsi d'acqua dei bacini del torrente Idice", quelli "d'emergenza nei corsi d'acqua dei bacini del torrente Sillaro", nonché i "Lavori di sfalcio, taglio vegetazione riprofilatura e ripristino sponde in frana in tratti saltuari dei torrenti Idice, Savena, Sillaro, Quaderna, Gaiana e Fossatone", i "Lavori di Manutenzione Torrente Ravone" e tanti altri. Comunque tutti i lavori per mettere in sicurezza proprio i corsi di acqua ora esondati.

La Corte dei Conti riferisce che Bonaccini, Schlein & c. si sono difesi sostenendo che per lo più quelle cifre non erano state utilizzate per le "dinamiche del Patto di stabilità che ha impedito di spendere le risorse residue". La sezione della Corte dei Conti davanti a cui si è svolto il contraddittorio non è sembrata credere a quelle giustificazioni, rimarcando invece "la obiettiva constatazione della mancata realizzazione da parte dell'Amministrazione regionale, in un arco di tempo durato oltre un decennio, dell'opera di sistemazione idrogeologica per l'importo di circa 55 milioni, oltretutto finanziato interamente dallo Stato e che, per via di quanto emerso, ha determinato la restituzione di detta somma al bilancio del Ministero".

Da parte sua la Regione Emilia Romagna sostiene di aver impegnato i fondi dopo averli riottenuti, chiarendo che quelli in questione erano destinati al sistema idroviario e non alle opere di sicurezza dei fiumi. Sostiene di aver impegnato i fondi dopo averli riottenuti, chiarendo che quelli in questione erano destinati al sistema idroviario e non alle opere di sicurezza dei fiumi. Bonaccini quindi divenne il candidato numero uno per le indagini sull'alluvione!

Poi si è scelto il "curriculum" già sperimentato per la telenovela Covid. Caro popolo, magari ci mostrano poi cosa significa mettersi insieme! E noi che abbiamo subito un dramma che avrà conseguenze peggiori del Covid non siamo in grado di farlo. Pioggia che non si vedeva da 80 anni. 46 Io c'ero negli ultimi 54 e ti assicuro che ho assistito a piogge di 20 giorni, con la piena dei fiumi e non è mai successo nulla neanche di simile. Oho! Lo ricordi che siamo i discendenti dei sessantottini? Non siamo degni!

(Fonti: Open/Today/partitocomunista.it)

Capitolo II
Operare su ciò che è stato corrotto
Mettere in ordine le bussole cerebrali
Ieri oggi e domani. Maggioranza e opposizione

Oltre a quanto descritto e lamentato, tratto tutto da storie vere. Vi ricordo

mentre spilorciate sui nostri conti in tasca, che in Italia, ovvero l'ufficio che vi paga pure il pranzo e la cena, ci sono persone di ogni età finite in mezzo alla strada!

Molti sono parenti di quelli che si suicidavano mentre raddoppiavate lo stipendio ai Sindaci e agli Assessori. Con la vostra paghetta extra di Natale ne avreste fatti felici un bel po', anche se, quello che serve oggi a molte di queste persone è il tempo, il tempo che nessuno gli dedica più, partendo da voi e dalle vostre illustri menti, né umano né per la salute né per trovare una soluzione ai loro problemi e restituirgli una dignità che i Governi ladri egoisti e incapaci gli hanno portato via, o oggi volete restituirla? Poi ogni tre per due: "nessuno sarà lasciato indietro!"Falsi e bugiardi, e da chi avete intenzione di partire? Forse da chi ha qualche milione di euro in banca? Per voi che decidete per me, con l'arroganza di non chiedere, le storie del popolo sono di obbligatoria importanza. È stata ridotta a zero la dignità di milioni di persone!

Che vivono per strada e non hanno nulla! Molti hanno studiato più di molti di voi. Se siete la maggioranza invece di discutere di stronzate, potete risolvere il problema dei senza tetto? Se siete l'opposizione non lo avete fatto di certo al vostro turno.

Un signore che conosco, rimasto solo anni 74, due gambe amputate e in fila per case popolari, ha dopo un anno davanti 2800 persone? Ucraini di oggi Marocco e Africa di ieri e anche di oggi. E voi discutete sul limite del POS?

Ad oggi la storia del governo degli ultimi 70 anni rappresenta esplicitamente un'istigazione a delinquere! Poi sono forti, quando perdono le elezioni e passano all'opposizione, come d'incanto sanno tutto! Tutto ciò che sono stati incapaci di fare quando avevano la palla loro da calciare! Quindi ritorna chiaro che il Paese e il popolo per loro non esistono nemmeno, nulla esiste al di fuori del loro tornaconto, immagine e risultato di cazzate che inventano per essere creduti dal popolo, non perché gli interessi ma per i voti!

E non ricominciamo con il ponte Reggio Calabria- Messina, ignoranti! Sicuramente con ciò che intascano facendo i giri giusti dei denari, e la conoscenza italiana, dove se c'è un danarino si sa che ci sono molti non bisognosi che se lo mettono in tasca, è sempre stato così, e mediamente hanno agganci con loro signori direttamente quelli che lo riescono ad ottenere, non certo tutti. "Voi, e dico Voi, perché non posso scrivere i nomi e i cognomi.

Pur essendoci moltissime brave persone in ogni parte di Italia, a me il R.D.C per poco che è stato mi ha salvato la pelle, anche se so che non è stato fatto per quello ma per comprare i voti in massa di una parte d'Italia." E come ogni buffet, per offrire un aperitivo a 40 persone ne devo servire altre 200 che mai rivedrò, solo hanno saputo che è gratis: cultura Italiana! "Con quello che avete regalato ai Senatori a vita, le immunità parlamentari che vi proteggono dai vostri male fatti sicuramente, fatti da Voi, molto più gravi di un'ignorante che si prende un reddito di cittadinanza che non gli spetta, magari a discapito di uno che è in vera difficoltà, quindi uno che si comporta come la maggior parte di Voi.

E non siete certo Voi, né a Destra né a Sinistra che potete giudicare queste azioni, cito sempre il festeggiato di questi giorni di feste natalizie: chi è senza peccato scagli la prima pietra!" Ribadisco quanto Ponzio Pilato c'è per il trattamento riservato agli anziani e disabili. O vogliamo parlare della sanità? "Parliamo anche dello scandalo impunito delle mascherine e dei vaccini che ancora coprite, poi criticate la repressione quando avete fatto, come al solito per i vostri interessi, pure peggio!" Di quanta gente onesta e lavoratrice crepa perché non riesce a curarsi in tempo?

Di quanta gente è imbrogliata e non riesce a concludere una causa in 30 anni? Non ha semplicemente amici potenti che più spesso sono gli amici di chi li 48 ha imbrogliati! Oppure di quante volte lo Stato paga in ritardo e fa fallire le aziende? Tempo fa si era saputo che era stato assunto a guardia di questo, una vittima dei pagamenti in ritardo: c'è ancora? Invece se un cliente che conosce i giochi della finta tutela del credito, costruiti dai signori, non paga quattro fatture, o anche dieci fatture di dieci aziende diverse non gli succede un cz. Loro hanno l'immunità noi neanche uno straccio di giustizia, perché l'hanno fatta in modo che costi più la pratica per riscuotere un credito di questo genere, del credito stesso e non c'è tutela per chi prende ingiustamente il "bidone". Non certo parliamo del calcio, i miliardari che giocano a pallone e rubano e imbrogliano pure, loro hanno la precedenza di certo, massimo due mesi per un processo di qualsiasi genere!

La problematica più assurda è rappresentata dal fatto che, fino a che loro Governanti vivono il mondo a parte dei privilegiati al quale si sono eletti senza tante domande, noi paghiamo sia in denaro che in problemi indipendentemente da chi li causa. Non saranno mai in grado di dare il vero peso ai problemi del popolo per il quale dovrebbero invece lavorare nel teorico miglioramento della nostra vita, non sanno nemmeno come viviamo! "Fate il corso che ho suggerito!" Ovviamente, a causa di diversi individui, si è sputtanato un intero comparto, a discapito ingiustamente dei pochi onesti e capaci dello stesso mestiere e squadre politiche.

Operare su ciò che è stato corrotto
La casta non ci sarà più

Neanche le cazzate del "taglio agli stipendi dei politici santi" per aiutare le imprese. Se lo hanno fatto, come popolo, voglio sapere chi ha ricevuto la Loro Grazia e controllare le note spese dei Santi. Ne ho santamente tirato giù uno da un palco che diceva alla gente questa straordinaria cazzata, ed è una cazzata, magari gli amici degli amici di qualcuno hanno ricevuto una mano, come al solito. Per questo bisogna assolutamente attuare un forte cambiamento e visto che non ci frequentano volentieri, il corso proposto rappresenta l'essenza di ciò che gli/le serve per iniziare a fare ciò che serve al Popolo. Se inoltre volessero impegnarsi per il Pianeta invece che per la Mafia del gas, sappiamo che in un mese potrebbero riempire l'Italia di pannelli solari con accumulatori di energia e staccare il gas!

E mi rivolgo ai Patrizi :" Carissimi illuminati, che decidete per noi, visto 49 che volete fare la parte di chi aiuta, come capo avete l'America, e siete stati cosi idioti da applicare le sanzioni alla Russia che oltre ad essersi grattata le balle dal ridere, ha creato seri problemi agli Italiani che hanno affari in quel Paese e non certo alla Russia, se invece di fare le faccine da facebook e le interviste di facciata, voleste intervenire ad aiutare le donne dell'Iraq, sarebbe un gesto importante, chiaro che il dott. Putin per una cosa del genere era meglio averlo in squadra che contro, per un pezzo di terra del cazzo.

A me pare, e non solo a me, che siate molto bigotti e vigliacchi, tutta facciata, tutto fumo e niente arrosto! Bisogna che i governi di tutto il modo intervengano per aiutare quelle Donne, che al contrario di noi tutti hanno il coraggio di farsi ammazzare per i loro principi eternamente giusti. Mentre la vostra massima preoccupazione è sostenere la guerra con le armi, e di cibo ne di vestiti si è avuto richiesta, solo armi e carri armati. Queste donne Irachene vanno finendo, non sono meno degne di aiuto dei poveri ucraini, o vi cagate addosso?

L'Iraq è un po' più incazzoso di Putin, e serve tutto il mondo per dargli una bastonata, o ci deve pensare l'America? L'America in questo momento non ha interessi ed è molto concentrata sull'inculamento di Putin, basti pensare come ha trattato, a suo tempo, i propri uomini in Vietnam, certo che questo diede origine ad una serie di meravigliosi film, che tutti abbiamo visto, e credo pochi di voi si siano fatti domande sulla realtà. Questo vale pure per l'Europa, non frega un czz a nessuno di quelle donne! Cosa facciamo? Un minuto di silenzio? O le faccine su facebook? Vigliacchi. Ah, già, li abbiamo trovati corrotti anche in Europa, ma non è un motivo valido per girarsi dall'altra parte davanti a donne valorose come quelle Irachene, che sarebbero sicuramente di buon esempio per ogni popolo della terra, l'Italia è al primo posto come necessità di imparare da codeste signore.

Propongo un baratto: 10 paperine (vedi capitolo 5) nostre per ogni donna irachena.

Art. 38. Ogni cittadino inabile al lavoro e sprovvisto dei mezzi necessari per vivere ha diritto al mantenimento e all'assistenza sociale. I lavoratori hanno diritto che siano preveduti ed assicurati mezzi adeguati alle loro esigenze di vita in caso di infortunio, malattia, invalidità` e vecchiaia, disoccupazione involontaria. Gli inabili ed i minorati hanno diritto all'educazione e all'avviamento professionale. Ai compiti previsti in questo articolo provvedono organi ed istituti predisposti o integrati dallo Stato. L'assistenza privata è libera. Art. 47.

La Repubblica incoraggia e tutela il risparmio in tutte le sue forme; disciplina, coordina e controlla l'esercizio del credito. Favorisce l'accesso del risparmio popolare alla proprietà dell'abitazione, alla proprietà diretta coltivatrice e al diretto e indiretto investimento azionario nei grandi complessi produttivi del Paese.

Operare su ciò che è stato corrotto

Europa

Considerando gli ultimi avvenimenti, anche se coinvolgendoci in prima parte come nazionalità, il che non credo abbia stupito proprio nessuno, cari Democratici! Credevamo, l'Europa, fosse un posto integro e fatto di persone superiori di mente, dove esiste un uomo questo non può essere certamente, e ringraziamo per averci di nuovo sputtanato. Sarebbe da eliminare, tornare alla lira che vale come quando l'abbiamo lasciata (L. 2000 = €. 1).

In questo caso potremmo godere dell'autoreverse che allora fu disgrazia? Due milioni al mese io ero molto contenta di prenderli, €. 1000 devo dire di no. Senzacontare che il raddoppio dei costi alimentari ci fu bello e preciso, tu le pagheresti

L. 5, 400 cinque banane?

L. 5000 x 1 kg di patate?

L. 18000 una vaschetta di carne macinata da 800 gr per il cane?

L. 3000 per un paté per gatto senza denti, i croccantini: sacco da kg1, 5 decenti, fra L. 40.000 e L. 50.000, 10 kg L.150.000.

Nel 2000 compravo 12 kg di Jams (che era equivalente Eukanuba ma x gatti) a L. 77.000.

Vi assicuro che il costo in lire è passato in euro pari, cioè il doppio, poi il doppio del doppio. Se ricominciassimo a produrre e commerciare gli alimenti agricoli in casa nostra e per legge si potesse comprare solo italiano, andremmo a bastonare le mafie commerciali, faremmo crescere il nostro Paese con aiuti governativi solo di start tap, e i nostri agricoltori tornerebbero ad essere i benestanti!

Quelli che vanno ai nostri ristoranti e bar, e dal barbiere/parrucchiera, ed accedono a tutta una serie delle nostre attività che rischiano di estinguersi. Successivamente si ingranerebbe una marcia diversa, questi accordi europei sono quelli per cui di quando in quando si vede :la Sicilia che butta le arance e pomodori, i sardi che buttano il latte, e il grano che viene tutto dall'estero, a noi rimane la pubblicità del mulino bianco?

Dobbiamo tornare noi i leader del nostro mercato! Sicuramente con tutto ciò che è in cantiere oggi di prestiti ecc. non è facile e solo per questo motivo appropriato, tuttavia sarebbe di buon auspicio che si programmasse l'indipendenza italiana, un passo alla volta, per divenire in grado di fare questo ed autonomi per farlo.

Oltre alla nazionale Mafia burocratica che calcola l'inflazione sui denari circolanti, e considerando quante cose sono non alla luce del popolo, suggerisco di stampare denaro e distribuirlo fra il popolo, se fosse per Loro sicuramente avrebbero già trovato come arginare la regola!

Africa

Grande storia quella africana. La terra più ricca del mondo e gli esseri umani più forti del mondo. Più maltrattati e depredati del mondo. Più imbrogliati del mondo. Popolazione decimata da guerre malattie e povertà. Si ritiene che l'Africa più o meno assieme all'India sia stata la sede dei primi insediamenti umani risalenti circa a quattro milioni di anni fa e documentati da numerosi fossili, l'agricoltura si stima abbia fatto la sua prima comparsa fra i sei e settemila anni a.C.

La prima grande civiltà africana, in Egitto con il regno durato 3400 anni circa.

Il regno nubiano del KUSH, a sud dell'Egitto(XI a.C.) estese il suo dominio fino all'antico Egitto.

Nel V°a.C. nella regione etiopica si costituì il regno di AXUM, sopravvissuto fino al 4°secolo d.C.

Nel IX° secolo a.C. i Fenici fondarono Cartagine.

Nel VII° A.C. i greci le colonie in Cirenaica. Fra il VII° e 4° a.C. si susseguirono le conquiste di Assiri, Persiani e Macedoni.

Nel 146 a.C. la distruzione di Cartagine aprì le porte ai Romani, nell'Africa settentrionale.

I secolo d.C. diffusione durante l'imperialismo romano del Cristianesimo

V°e VI° secolo d.C., sotto il dominio romano, l'Africa diviene oggetto di conquiste vandale e bizantine.

Arrivano i Boeri, coloni olandesi, che precedono nell'Africa del sud, inglesi e spagnoli.

-VII° sec. d.C., conquista Africa mediterranea da parte di Arabi Mussulmani, si costituirono vari regni Berberi, (bianchi dell'Africa settentrionale) che favorirono la diffusione dell'Islam e la cultura araba, rimane Cristiano solo il regno di Etiopia Regno del Ghana, rilevante per fioritura culturale ed economica.

-XI° sec. -Distruzione araba del regno del Ghana.

-XIII°/XV° sec. d.C. -Regno del Mali, regno Bantu che formò poi il regno del Congo e della Monomotapa

-XIII°/XIV° sec. d.C. -Regno di Kanem-Bornu, regione orientale,

-XIV°/XIX° sec. d.C. -Regno Benin

-XVI° sec. d.C. -Impero di Gao. La religione islamica aveva come confine il fiume Niger, oltre la quale le popolazioni rimanevano legate alle loro credenze tribali. Le popolazioni (tribù) Bantu erano dedite prevalentemente alla pastorizia e all'agricoltura, e anche al commercio, metallurgica e attività mineraria, al contrario delle popolazioni meridionali degli Ottentotti e Boscimani, più primitive.

-XVI° sec. d.C. -L'impero Ottomano scalza la dominazione araba, e apre le porte alla penetrazione europea, primi i Portoghesi.

- XV°/XVIII° secolo d.C. -Prima con stazioni di deposito lungo le coste africane, lungo la rotta Europa-Asia, poi con la deportazione e commercio di schiavi, prima i Portoghesi, verso l'Europa poi gli Spagnoli e Inglesi, verso le Americhe, e non mancarono di contribuire gli Arabi con deportazione schiavi verso l'Asia. Milioni di Africani furono deportati, morti durante i viaggi di trasferimento, comprati e venduti come animali.

- XVIII° secolo d.C. -Africa centrale grandi spedizioni e insediamenti con scopo essenzialmente scientifico culturale.

E da qui la catastrofe:

1814 - Gran Bretagna trasforma in propria colonia il Sudafrica 1830 -Francia incomincia la conquista dell'Algeria

1881 - Francia prende la Tunisia

1882 - Gran Bretagna prende possesso dell'Egitto 1884 -Spagna prende possesso del Marocco

1884 - Germania prende possesso del Camerun e dell'Africa di sudovest 1885/86 - Portogallo prende possesso dell'Angola e Mozambico

1889 -l'Italia prende possesso dell'Eritrea. E via discorrendo, si impadronirono di tutto, eccetto la Liberia e l'ultima, l'Etiopia, se la prese l'Italia nel 1936. I colonizzatori, con la scusa della modernizzazione economica sociale, oltre che inserire le colonie nei circuiti politici, le sfruttò a piacimento e senza indugi verso la popolazione africana. Solo dopo la seconda guerra mondiale si posero le premesse per la decolonizzazione, forti del fatto che America e Russia, le due potenze mondiali, erano contrarie al protrarsi del colonialismo, finalmente in Africa si svilupparono, forti movimenti nazionalisti, che nonostante la contrarietà di Inglesi, Francesi e Portoghesi, fra gli anni cinquanta e settanta riuscirono a portare a termine il processo di decolonizzazione, con l'aiuto e sostegno del comandante Ernesto Che Guevara, il combattente per la libertà, che si occupava di liberare i popoli oppressi sia in America latina che in Africa. Purtroppo lo sfruttamento delle risorse è comunque continuato da parte dei Paesi più sviluppati, la popolazione è stata mantenuta al più totale stato di impreparazione, voluto, e gli stessi africani si sono trovati impreparati ad assolvere i compiti di governo, in oltre i continui sempre presenti conflitti, con il risultato di un'economia gravemente inferiore ai bisogni elementari della popolazione.

L'apartheid stessa, nella terra dei neri, è finita negli anni 90? Una breve storia, per capire quanto l'uomo ripeta sempre lo stesso copione.

Ricapitoliamo: l'Africa, padrona della storia dell'uomo, terra più ricca del mondo con gli uomini più forti del mondo, non so se hai presente la struttura fisica di un nero/nera, rispetto a un bianco: 10 a 1.

Loro avrebbero dovuto al limite essere razzisti e forse noi lo siamo stati per invidia e complessi di inferiorità, sindrome da ce l'ho piccolo, qui c'è veramente da ridere anche se ricordo che questo è un discorso serio e che non riguarda quello. Se gli spagnoli e i portoghesi avessero preso o fra di loro o inglesi e italiani come schiavi non gli duravano una settimana. Il senso è sempre che schifo facciamo? I discendenti di questa storia siamo noi e loro, che vendono gli accendini in spiaggia e che comunque sappiate che hanno inventato un mestiere per campare in un Paese ostile, anche se venduto come il Paese della cuccagna, e non gli stiamo nemmeno sulle palle. Meritano molto di più e se l'intelligenza significa l'adeguamento alle piroette della vita, credo abbiano dato chiare dimostrazioni di essere in maggioranza meglio di noi. Il centro cultura italiana serve a mettere in condizioni i "venenti" da qualsiasi parte del mondo, di potere esprimere il loro massimo ed insegnarci qualcosa. Ad oggi noi facciamo la parte dei finti buoni, che accolgono, ma non è questa l'accoglienza! Questa è la stessa finzione delle colonie in Africa, dove si è preso tutto ciò che si poteva arraffare senza dare indietro nulla! Guarda caso, in Africa ci sono i missionari che fanno le scuole ancora all'aperto, senza libri, con la difficoltà delle lingue e le tribù. Mancano i proventi per fare studiare le persone a cui per pochi spicci si ruba da millenni, cacao, caffè, gas petrolio frutta e ogni ben di Dio! E come non bastasse, sopravvive la cultura dell'infibulazione, atroce!

Operare su ciò che è stato corrotto
Africa perdonaci

Con i risparmi del gas che aboliremo in quanto dal prossimo mese andremo tutti ad energia solare, proporrei di andare in Africa e costruire università in ogni stato, con dentro le scuole medie e superiori. Le elementari saranno fatte in ogni villaggio, dando le risorse adeguate ai missionari che già se ne occupano e che saranno gli unici consiglieri per i progetti di istruzione più grandi. Alle scuole elementari potranno partecipare anche i genitori, tutti devono sapere leggere e scrivere per cambiare registro. Gratis, e con i libri gratis, fornendo forme di trasporto là dove sia necessario. Il tutto pagato dalle nazioni ex coloni e dagli sfruttatori presenti oggi, non li ripagheremo certo del danno subito, anche se sarebbe un buon inizio.

Il Che

Consiglio il libro di Fidel: "Io e il Che" e nessuna lettura su questo meraviglioso simbolo di coraggio sarà mai tempo perso. Cito solo qualche frase:

"è preferibile morire in piedi che vivere inginocchiato" "ucciderai solo un uomo! La mia casa ambulante avrà gambe e i miei sogni non avranno frontiere"(frase del Che all'uomo che lo trovò per ucciderlo in Bolivia).

"chi non lotta per le proprie idee o è un uomo che vale poco oppure sono le sue idee che valgono poco" "un vero rivoluzionario è mosso dall'amore"

"fino a quando il colore della pelle non sarà considerato come quello degli occhi noi continueremo a lottare" "chi lotta può perdere chi non lotta ha già perso"

"siate sempre capaci di sentire nel più profondo qualsiasi ingiustizia, commessa contro chiunque, in qualsiasi parte del mondo, e la qualità più buona di un rivoluzionario"

"un popolo che non sa ne leggere ne scrivere è un popolo facile da ingannare"

"vale milioni di volte di più la vita di un solo essere umano che tutte le proprietà dell'uomo più ricco della terra" "e se vale la pena rischiare io mi gioco anche l'ultimo frammento di cuore"

"o siamo capaci di sconfiggere le idee contrarie con la discussione, o dobbiamo lasciarle esprimere, non è possibile sconfiggere le idee con la forza, perché questo blocca il libero sviluppo dell'intelligenza" "la vera rivoluzione dobbiamo cominciare a farla dentro di noi"

"il silenzio è una discussione portata avanti con altri mezzi"

"ciascuno di noi da solo non vale nulla"

Che con grande gioia, in un momento di totale azzeramento dei valori e di: "lego sempre il somaro dove vuole il padrone"senza guardare in faccia a nessuno, a oggi che Ponzio Pilato la fa veramente da superstar, rileggo e ti propongo un po' di un grande uomo. Leggi queste frasi e comprendi quanto faceva sul serio, magari fra un grande fratello e un isola dei miei coglioni, puoi recuperare qualche libro di chi dà il buon esempio e puoi fare il paragone con te oggi all'ovvio scopo di migliorarti.

Nonostante le varie responsabilità ad un certo punto il "Che" scompare, va a formare gli eserciti per la rivoluzione e ama essere in prima linea, lui credeva in ciò che predicava e ne dava con la pelle il buon esempio. Fu realmente un uomo vero e assolutamente straordinario. Lo beccarono in Bolivia mentre addestrava dei reazionari, e lo uccisero.

Nota: per ciò che riguarda il Comandante Ernesto Che Guevara, da ora in poi la biografia di questo grande uomo sarà il primo libro di lettura alle scuole medie. Ernesto Guevara (nato in Argentina il 14 Giugno 1928) si laurea in medicina nel '58. Guevara si batte per l'uguaglianza e la solidarietà, afferma che lo Stato non è altro che il risultato del lavoro di tutti i cittadini. Spesso viene trovato davanti ai propri uomini a scaricare le navi, per dare il buon esempio. Eroe della rivoluzione cubana, eroe di tutte le rivoluzioni atte a liberare un popolo da un oppressore. America latina ed Africa.

Operare su ciò che è stato corrotto
Miliardari ai giocatori di pallone

Il calciatore, avrà una retribuzione pari a €. 2000 al mese, che potrà aumentare in base alle presenze e gol effettuati, fino a €. 5000, nel corso della carriera. Considerando che la gran parte dell'introito calcistico è dato dalla gente che ha uno stipendio fra €. 900 e 1500 mensili e che darebbe via il Q per portarea a casa il doppio per giocare a pallone, diventa giusto essere più grati e rispettosi del popolo.

Ricordando quante volte, gli ingrati di mrd, sono stati beccati addirittura a pilotare le nostre scommesse sportive, perché avevano bisogno? E scandali su scandali, vergogna! Sarebbe bello che andassero tutti all'estero, e riempiamo di gente che ha voglia di fischiare! Un anno di punteggi difficili, può essere un prezzo da pagare volentieri, al posto di vedere giovani miliardari che rubano e fanno veramente cacare. Con il caro mignotte e cocaina, lo stipendio nuovo non basta, e se hanno rubato percependo milioni di euro, non osiamo immaginare con uno stipendio da €. 2000, dove possono arrivare. Pur percependo milioni di euro, hanno imbrogliato noi, i loro fans, e addirittura prendendo una ola

- Quando beccavano quel czz di pallone.

- Vogliamo gente pulita, ficcatelo in Q il pallone.

- Ve lo ricordate il primo mondiale del Cameroon? Vogliamo gente così!

P.S. Un uomo degno è colui che se propongono doping dice: no, e magari lo denuncia. Il doping procura gravi malattie e accorcia la vita. L'unico modo per cui non sia più quello a fare la differenza, è che la differenza incominci a farla l'uomo!

Con questo enorme stipendio sicuro, ci si alleni con serietà, con la soddisfazione e la forza di dare il meglio di se stessi al massimo, e un vero sportivo sa che il massimo è sempre la sorpresa di domani, che credevi di avere dato tutto ieri e invece oggi hai sorpreso te stesso e rinnovato la certezza che il limite del "tuo meglio" è irraggiungibile!

Se tutti si metteranno in gioco sul serio e non faranno più uso di doping, si metteranno in gioco "da uomo a uomo" . Oltre che offrire un bell'esempio di concorrenza leale, i signori Calciatori, potranno anche godere della loro ricca pensione che scatta presto, al contrario di noi comuni mortali. Consiglio una riflessione sull'opportunità.

Droghe, alcol e mignotte devono far espellere chiunque? Purtroppo a causa di diversi fatti conosciuti, si sputtanano intere categorie, a discapito ingiustamente, anche delle persone serie e capaci dello stesso mestiere.

Operare su ciò che è stato corrotto
Le Società Calcistiche

Si occuperanno di opere di bene, sicurezza negli stadi, nei quali non più né il Comune né le associazioni mafiose che non avranno più motivo per operare. I Calciatori non avranno più un costo in quanto le persone, e ad oggi vi sarà l'obbligo anche per le migliori bestiole, non si comprano più!

Anche nel caso facessero donazioni a fondazioni, i loro bilanci dovranno essere esposti mensilmente sulla gazzetta ufficiale, le destinazioni prioritarie di tutti quei denari che non beccano più i Calciatori, saranno: Anziani, arti mancanti per chi non se li può permettere, e ciò che serve per rendere la loro vita dignitosa. Bambini, di tutte le razze, per ciò che serve, diventeranno partner di ogni canile e gattile esistente ed eventuali gattare, P. IVA, pagheranno ogni tanto un po' di agenzia delle entrate per il popolo, una provincia alla settimana, in ordine alfabetico. Il Comune rimarrà partner del Calcio là dove non si arriva a fare un'operazione il Comune interviene in prestito senza interessi, restituibile in 12 mesi, pena la squalifica per sempre.In qualsiasi ragione societaria, ci sarà l'obbligo di squalificare ogni membro per nome e cognome a vita! Tutti i documenti di scambio saranno sempre visionati da Assessore del luogo e tribuno della plebe addetto, che apporranno firme di legalità dopo quella del Sindaco, per tutti e tre, in caso di dichiarazioni mendaci, formula breve ed ergastolo. Ovviamente ipotesi, per colpa di pochi si sputtanano intere categorie, anche a danno ingiustamente delle persone serie e capaci degli stessi comparti.

Nota: Mai più passeranno davanti a chi aspetta da anni un udienza in tribunale! Se cagano fuori dal dorato vaso, gli si sequestrano tutti i beni che rimarranno bloccati fino a che non arriverà il loro turno! Se non si perdona un povero che ruba non vedo proprio il motivo per cui si debba favorire una banda di milionari che ruba.

Operare su ciò che è stato corrotto

Ultras: là dove l'idiozia umana spala ogni argine arrivate voi

Si potrà discutere, odiare e picchiare uno che non conosci perché fate il tifo per 12 uomini di squadre di miliardari che giocano a pallone, rubano sulle scommesse vostre, fanno baracca pure prima delle partite e manco ci prendono al pallone? Solo per voi propongo droga e alcool e/o con psicofarmaci da azzeramento umano, almeno vi rincoglionite e rimanete a casa vostra a rompere i coglioni a chi vi sopporta, e magari campate poco!

Per quello che riguarda le forze dell'ordine chiedo che in certe situazioni vengano usati i lanciafiamme!! Con i problemi che ha la gente in questo momento, i lavoratori, le P. IVA, gli extracomunitari, non è ammissibile sotto nessun punto di vista lo scempio di questi idioti. Portateli in carcere che qualcuno se li inculi, devono essere talmente idioti che, a differenza dei normali ladri e assassini, non credo abbiano nemmeno quelle poche percentuali di possibilità, per capire e migliorarsi, tanto vale almeno toglierseli dai coglioni.

Tuttavia alcuni Ultras di Bologna, sono riusciti ad usare la prepotenza a buon fine: si narra che gli alluvionati di Conselice abbiano ricevuto aiuto prezioso da tali personaggi che si sono uniti a volontari degli ospedali che sono andati a livello personale, a soccorrere una quantità di anziani che erano senza medicine e terrorizzati.

I signori Ultras hanno difeso la posizione insieme ai volontari con i quali hanno fatto super squadra, esonoriusciti di resistere allaprotezione civile, al fine di passare la notte con gli anziani, con le medicine recuperate dagli ospedalieri e la compagnia che era indispensabile. Usatelavostra capacità di credo e coalizione per cose buone!

Nota: mi spiace sempre che a causa di alcuni si sputtanino anche i meravigliosi, per questo ci tengo a sottolineare anche quanto di meraviglioso accaduto.

<h3 align="center">Operare su ciò che è stato corrotto</h3>

<h3 align="center">Bonifica delle statali</h3>

Nulla in contrario se una persona decide di prostituirsi per sua libera scelta, il corpo è il suo e anche lo spirito, purché sia una decisione propria! L'uomo è da sempre maiale, per intenderci con il massimo rispetto per la bestiola. Uno che paga una bambina drogata e/o ubriaca, schiava, per trombare, non voglio offendere veramente il maiale, ma certo non si chiama Maiale, può chiamarsi solo uomo.

Il problema è che spesso tali uomini portano a casa, dalle mogli, che gli fanno più che mai da madri, ogni sorta di malattie, e ce ne sono anche di mortali, e comunque, che schifo! D'altra parte si deve risolvere il problema delle schiave prostitute con i figli in ostaggio e padrone, lo sanno tutti che oggi questa è la realtà delle prostitute per strada!

Le schiave verranno sequestrate, aiutate, formate e /o rispedite a casa oppure inserite nella normalità ed aiutate a fare pervenire la propria famiglia, la quale avrà il percorso da fare al fine di integrarsi e non farsi prendere per il Q né da noi né tanto meno dai propri connazionali, che saranno tempestivamente rimandati a casa loro, dopo avergli inserito un microchip nei coglioni che esploderà se si ripresenteranno in Italia. Per le arruolate volontarie, consapevoli e amanti della professione, la più vecchia del mondo, apriamo i così detti bordelli, con sanità, controlli, tariffe, P. IVA e I.N.P.S., al fine comunque di evitare alle signore una brutta fine nel momento in cui non saranno più trombabili. A seconda di ciò che pagano di I.N.P.S.

Avranno la pensione. La pensione anche a loro, prevenzione malattie, malattia se si ammalano, infortunio e ciò che serve. Sicuramente, ci andranno anche gli uomini, è la parità! PT. Lo stesso logicamente vale anche per gay, trans e tutti i generi prostituibili per loro scelta, solo se maggiorenni come le signore. Potranno andare a servizio, con P. IVA oppure, dopo un periodo di prova, essere messe/I in regola, pattuendo uno stipendio mensile, come le regole di tutti i mestieri. Chiaramente si faranno i conti commerciali di margini aziendali come per tutte le mansioni e il cambiamento è da accettare per tutti, anche i clienti potranno con discrezione accedere ad esami, pagando. Sarà obbligatorio presentarsi con gli "strumenti" in regola e certificati. Dopo due anni di mascherine, non sarà un goldone a toglierti il sorriso! Credo sia un modello corretto quello di Amsterdam, ma anche il casino del 1800.

Anche se il livello igenico oggi può essere migliorato, già che le malattie trasmissibili oggi sono peggiori. Qualsiasi cosa, pur di non permettere questo scempio per strada di bambine, e tanto che ci siamo, proviamo a fermarlo il malefico AIDS. Questo sarebbe un buon inizio. Si potrebbero ristrutturare le caserme disarmate, magari rallegrarle un po', con anche quel risparmio, si può fare tanto.

Operare su ciò che è stato corrotto
Chiese, basiliche, duomi e cattedrali

Come è possibile che le Chiese siano diventate esercizi e va bene a tutti? Girando tutta l'Italia per lavoro durante diversi anni, ho spesso desiderato di andare ad accendere una candela in Chiesa o mettere una moneta. Mi sono trovata spesso, una Chiesa chiusa, alle 17.30 addirittura o con un biglietto da pagare e fila da fare.

Ottimo il turismo, tuttavia mi pare di ricordare bene una certa scena, di Zeffirelli, Gesù di Nazareth, quando Gesù ribalta il mercato fuori dalla chiesa. Papa Ratzinger ha eliminato qualcosa a San Pietro almeno, con un bel segnale che non è stato preso da esempio purtroppo. Ora il mercato è la Chiesa! Siamo molto peggio che blasfemi in questa situazione, io non accendo una candela perché sono in una città per lavoro e fra andare, parcheggiare, la fila e il biglietto, devo tornare indietro.

Che la chiesa non faccia OFFERTA LIBERA è una cosa estremamente grave, e lo è anche non potere accendere una candela in chiesa.

Sicuramente Dio è superiore a questo, e se può aiutare le mie preghiere non è che si astiene perché non ho acceso la candela. Tuttavia trasformare la chiesa in un esercizio commerciale, mi pare molto lontano da Gesù Cristo, Dio la Madonna e tutti i Santi degli Altari dove accendo, se trovo aperto, le mie preghiere. Lo stesso vale per il Natale, La Pasqua, e le feste comandate. Qui si parla addirittura di non fare presepi per non disturbare quelli di altre religioni, noi cristiani, i più perseguitati della storia.

Il Natale fa comodo agli abitanti italiani come consumismo, se c'è un lavoro 13°, figlia di un bigottismo tipicamente italiano, in quanto se non mangi tutto l'anno, non interessa a nessuno ma non devi essere in bolletta a Natale. Come fosse un complotto con aziende dolciarie e di giochi, gioiellerie e supermercati, a seconda della casta. Il S. Natale, che corrisponde alla nascita di Gesù, addirittura con festa della epifania, il giorno in cui i Re Magi arrivarono alla culla di Gesù, seguendo la stella Cometa, con oro incenso e mirra, che si è trasformato in "calza della befana"con dolci e doni di ogni genere, dovuti! Sia i mussulmani che i buddisti e pure gli altri, godono delle festività natalizie come me, o meglio, e non ripudiano né tredicesima ne ferie per feste né panettone e abbuffate varie!

Che czz volete quindi dai nostri presepi e alberi di Natale? Se un cristiano vi fa un regalo di Natale lo accettate? Nulla vi vieta di andare nelle vostre moschee site liberamente in Italia. Mi piacerebbe andare in uno dei qualsiasi paesi non cattolici e andare a protestare perché voglio una chiesa cattolica e non mi sento parte delle loro tradizioni! Secondo te, poi riuscirei a raccontarlo? Chiaramente faccio eccezione per i buddisti e gli induisti i quali hanno, fra i tanti, il grande pregio di essere mega pacifisti e di farsi i fattacci propri.

Anche se, non sono certo gli extracomunitari, figli di altre religioni ad avere chiesto questo. Chiedo di sapere chi è il merdone che, a partire dalla mega idea di togliere i Crocifissi dalle scuole, ha queste idee di mrd, vorrei avere un confronto democratico con questo idiota e ricordargli che "democrazia" significa potere al popolo, per il quale si è deciso senza chiedere di demolire le radici e la nazionalità nei suoi pochi pregi. Voglio nome e cognome!

Operare su ciò che è stato corrotto
La Repubblica italiana

Il 2 giugno 1946 a seguito della fine della seconda guerra mondiale, dopo venti anni di fascismo, nasce la Repubblica italiana. Eletta da referendum popolare, quando per la prima volta poterono votare anche le donne che furono circa 12 milioni con 13 milioni di uomini, per un totale di circa 90% di aventi diritto al voto.

Per circa due milioni di voti a favore della Repubblica, si abbandonò la monarchia e il Re Umberto si narra che se la dette a gambe levate. Il primo consiglio dei ministri diede potere temporale a Alcide de Gasperi, ci fu un'indagine per brogli elettorali, con risse e vittime, allora la gente si arrabbiava in proporzione a quanto credeva, e credeva!

Poi elessero i componenti dell'assemblea costituente, alla quale seguì il primo capo di stato provvvisorio: Enrico De Nicola al quale succedette Luigi Einaudi come effettivo capo dello stato, che redò la Costituzione italiana la quale fu operativa dal 1 gennaio 1948.

I partiti di maggioranza erano i partiti componenti IL Comitato di Liberazione Nazionale: partito comunista italiano, partito socialista italiano di unità proletaria, democrazia del lavoro, partito d'azione democrazia cristiana e partito liberale italiano, il quale unico votò a favore della monarchia. Dal 1947 Andreotti, prima sottosegretario alla presidenza del consiglio, poi sette volte presidente del consiglio e 21 volte ministro dei numerosi dicasteri, deputato alla camera e deputato del parlamento europeo. 62 Indagato più volte per, la costruzione dell'aeroporto di Fiumicino, complicità mafiose e omicidio Pecorelli.

Mai condannato ed oggi, mentre il suo nome continua a riecheggiare sui racconti delle stragi, della P2, di Totò Riina, lui non c'è più. Bene, se non fosse stato lui sarebbe stato un altro, con la stessa funzione di sostenere il gioco americano che per osteggiare il comunismo tramite la DC Cosa Nostra P2 CIA e SISMI, logge e lobby, banche e pare siano pure riusciti a coinvolgere lo IOR, per la destabilizzazione del Paese. Destabilizzazione come scosse, come paura, come stragi dove in più di un documento e racconti di pentiti il nome è uscito forte e chiaro, così come quello che ho denominato il pip, che addirittura voleva proporsi come presidente della repubblica. Sappiate che all'estero per questo personaggio, noto pippa, ci prendono in giro.

Cosi simpatico da nascondere la sua ingordigia di potere, un uomo con capacità oltre la media sicuramente, sempre ingorde, che ha incantato in momenti diversi, probabilmente ognuno di noi. Con la privacy ridicolamente in piazza come se i denari la potessero ricostituire parte dignitosa della propria vita. Bene, questo signore amico del passato della politica Italiana, ha partecipato attivamente a tutto ciò a cui hanno partecipato gli altri, che ancora, ad anni dopo la morte non sono diventati ne martiri ne santi.

Rimane il fatto che l'Italia fa capo alla N.A.T.O., e poi facciamo passare per cattivi i russi, a partito preso senza indagare. Amico mio è proprio così che con il nostro Q ci fanno oramai qualsiasi cosa, pure la notizia di più facile ritrovamento, noi non la vogliamo! Riaccenno ai bugiardini dei vaccini, non certo ai complotti di grafite che è un argomento complesso. Avete discusso e difeso cosa se non avete letto i bugiardini e i fogli che vi hanno costretto a firmare per vaccinarvi e ammalarvi il giorno stesso? E almeno altre due volte, certo è che lo sai solo se hai fatto il tampone. Noi siamo le conseguenze di quelli che votavano Democrazia

Cristiana, perché per come era intitolata, i nostri vecchi credevano fosse il partito di nostro Signore!

C'erano anche molti analfabeti, bastava il pensiero. La stessa mia Madre, religiosamente santa, quando ricevette le considerazioni sulla verità di tale partito dai propri figli guardò a terra una settimana, avrebbe preferito non credere ma non ne poté fare a meno. L'anno in cui arrivò Berlusconi dicemmo con grande ingenuità: questo è in gamba e i soldi li ha non può certo rubare! Così si imparano le cose, che fosse una mira il potere, e come lo si può utilizzare non ci passava neanche per l'anticamera del cervello.

Con il massimo rispetto per colui che, come anche Mussolini, anche se in ambiti molto differenti, ha sicuramente fatto molte buone cose ed è stato sicuramente protagonista della storia e cultura italiana.

Nota: certo che uno fa grandi cose, esempio Mussolini, poi altro che scivolone: 2a guerra mondiale e persecuzione razziale. Ed ecco che le grandi cose perdono ogni valore.

Stando all'elenco dei fatti della storia unitamente ai personaggi che ne hanno preso parte, stando alle promesse non mantenute che di volta in volta sono state emesse nei confronti del popolo italiano e alle intenzionali menzogne propinate a tal proposito al popolo, si dichiara lo stato italiano, non ché la

Repubblica italiana, insolvente e in bancarotta fraudolenta per miliardi di promesse mancate, che costituiscono un grave e insanabile debito nei confronti del popolo italiano.

Si invitano, gentilmente, loro signori della casta ad andare a casa e rimanervi. Come da programma: i Consiglieri Comunali prenderanno in mano le regioni e formeranno squadre di persone adeguate ed oneste per ripartire da zero. Il Governo che si riformerà non conterà più di cento persone totali, con la pulizia che è stata effettuata.

Sì alla Presidente del Consiglio, deciderà e valuterà poi il popolo allo scadere del tempo, sì agli uomini che ha scelto ma per i quali deve garantire per iscritto, no a tutti gli altri anche della maggioranza, a meno che li garantisca Lei personalmente e no a chi ha avuto la palla da tirare per troppo tempo senza prenderla e che ora che l'ha persa vuole insegnare a chi è arrivato come si fa a calciare la stessa palla! C'è da farsi un po' di Q, anche se con la preparazione dei consiglieri comunali descritta nell'apposito paragrafo, siamo in una botte di ferro!

Dove ci ha portato gente preparata che ha lavorato senza stipendio, e che ora ci salverà dal baratro dove ci hanno portato i meno preparati e stipendiati da mille e una notte. i Consiglieri procederanno inoltre alla preparazione dei corsi per candidati politici, domande e test per esami, come descritto nell'apposito paragrafo. Ricordiamo che l'assessore e anche il ministro, per la carta igienica e/o cancelleria, non esiste più.

Qualora i vecchi poltronati non si sbrigassero a togliere le tende dagli spazi ove non sono più compresi, arriverà il popolo unito, il vero datore di lavoro, a tirarli fuori per le orecchie. Consiglio, ai signori/e, onde evitare problemi, di lasciare con la stessa velocità case e auto pagate dallo stato in perfette condizioni e all'istante. Non avranno ne pensione ne un beato czz, come i lavoratori socialmente utili che hanno sfruttato nei comuni, i giudici popolari ed onorari, che hanno inchiappettato per anni e ora, per essersi fidati sono nella MRD assoluta.

Qualcuno dovrà persino restituire quanto percepito da che presta, senza risultati positivi, le proprie incompetenze spacciate per competenze, allo Stato. Diversamente potrà uscire senza debiti se sarà in grado di dimostrare l'efficienza del suo operato, giustificando le mensilità percepite, documentandolo con fatti. Lo stesso vale per le analisi sulle sue proprietà, che saranno immediatamente confiscate e casomai cedute a titolo di parte di rimborso, a chi hanno danneggiato con la loro somaraggine. Dopodiché andremo a

prendere i poteri crollanti intorno a loro, appaltatori amici, mafiette, camor-
ruccie, banche inciuciose. Gli altri coinvolti, ci cascano in mezzo come un
bambino con le scarpe bianche su una cacca di cavallo! Temporaneamente,
fino a che non siano stabilite le responsabilità, li parcheggiamo tutti a Rebibbia, un po' stretti, ma dove si mangia in 100.000 si mangia anche in 100.300.

Finalmente potranno accedere, gratuitamente, alla saggezza del disagio, e
soprattutto del raccogliere ciò che hanno seminato. Appena concluderemo
l'operazione Sacra, del ripristino corretto dei tribunali, analizzeremo le loro
posizioni e si vedrà che fare.

Art. 54. Tutti i cittadini hanno il dovere di essere fedeli alla Repubblica e di
osservarne la Costituzione e le leggi. I cittadini cui sono affidate funzioni
pubbliche hanno il dovere di adempierle con disciplina ed onore, prestando
giuramento nei casi stabiliti dalla legge.

Operare su ciò che è stato corrotto
Popolo italiano e popolo del mondo

Siamo pronti per essere popolo? Ci vuole un grande rispetto per essere veramente un popolo, e comprendere il potere dell'unione obbligatoriamente. Allo stato attuale delle cose, bisognerebbe essere in grado di essere uniti
indipendentemente dalle credenze religiose e dalla politica, potremmo mai
esserne all'altezza? Se dalle religioni prendiamo l'esempio di ciò che è"il buono"e "il cattivo" ampiamente descritto in tutte le religioni, potremmo seguire
una linea di" giusto" come popolo democratico. Bisogna studiare di più. è
necessario essere informati sulla storia, e come la matematica, anche la storia
è composta da fatti, non da opinioni. Ci servono le prove dei fatti, e serve
portare alla luce molto di ciò che ci è stato nascosto. Ed è molto facile oggi
risalire ai fatti del passato.

C'è sempre qualcuno che anche se ha timore e magari non subito, desidera
dire la verità e non sopporta di essere dalla parte sbagliata. Ci è di grande
dimostrazione la mafia e la corruzione politica, con i gravissimi rischi un
pentito da qualche parte è sempre venuto fuori, anche a costo della pelle. Il
fatto di sapere tornare indietro e che sia più forte di qualsiasi timore riesce a
fare onore anche e soprattutto ad un assassino di mafia. Un vero popolo, una
vera comunità, lo può essere solo se non ci si risparmia mai nel momento del
bisogno, ci si aiuta l'un l'altro come fosse normale. Non si giudica con facilità

il prossimo e non si invidia. Ognuno usa gli strumenti che ha, e comprende che non siamo proprio tutti uguali. Quando ci sono gli estremi per metterci l'uno contro l'altro bisogna fermarsi a riflettere, di solito c'è qualcosa di difficile da fare e qualche ladro approfittatore incapace vuole che lo facciamo noi.

Vedi i vaccini, vedi anche i razzismi contro gli extracomunitari. E stiamo accorti e lontani dai zizzaniatori seriali, c'è un sacco di gente che nelle posizioni di dirigenza non tollera le fratellanze dei sottoposti, di nuovo sindrome da ce l'ho piccolo/a. Per ciò che riguarda i vaccini ricordo che un alta percentuale contraria non furono ne gli agenti di commercio ne i falegnami. Ma i Medici!

Per ciò che riguarda gli extracomunitari, sfido chiunque a fare cambio della vostra vita con la loro, e ci dicono che gli danno questo quello e quell'altro, vengono da situazioni allucinanti. Quando poi per le cose sante non c'è giustizia, vedi le fabbriche che chiudono e cambiano nazione lasciando senza lavoro di migliaia in migliaia di dipendenti, e in Italia non pagano più nulla, e non succede nulla, forse per questo ci sarebbe da incazzarsi! Vi siete in queste situazioni sentiti tutelati? La maggior parte delle "aziende Italiane" negli ultimi 15 anni hanno spostato le loro produzioni e tasse all'estero con manodopera a basso costo, continuano a vendere in Italia risparmiando sui costi abbondantemente, senza uscire però dal privilegio di "made in Italy".

Sulla paura si fa vivere un individuo di "reazione", qualora questo non sia un individuo informato è un gioco da ragazzi, come muovere i fili di un burattino. Lo disse anche Licio Gelli, che faceva il burattinaio! Vivi di azione e non di reazione! Come nella storia dei popoli oppressi, è prima o poi sempre arrivato qualcuno che ha portato una scuola, perché si sa che solo l'istruzione porta a consapevolezza e conoscenza per difendere e per avere giusti ideali, che devono comunque essere propri. L'istruzione apre le porte della mente e delle coscienze. L'avvenire non esiste solo per la prole, è un dovere di tutti curare la vita e il pianeta per chi verrà dopo di noi, sarebbe corretto provare un ardente desiderio di lasciare le cose meglio di come le abbiamo trovate!

Penso spesso che i nostri discendenti già non avranno il privilegio di crescere con la meraviglia che abbiamo avuto noi: Raffaella Carrà; Gigi Proietti; Alberto Sordi; Monica Vitti; Massimo Troisi; Tognazzi; Gassman; Totò; Anna Magnani; i coniugi Vianello e per primo il grande insegnante Fantozzi. Fò, Jannacci e Gaber hanno fatto di noi assolutamente "generazioni privilegiate"! Sicuramente ne ho saltati parecchi unitamente ai vivi che non sta bene menzionare e mi domando seriamente come sarà possibile crescere felici senza questi personaggi. Parliamo di epoche diverse, dove la TV aveva un ruolo diverso, educativo ed importante davvero. Infondo ogni vita è una

storia, come comune denominatore pur per generazioni mestieri e religioni diverse, abbiamo avuto questi mostri sacri, se pensi come la vita possa corrispondere a una semina e il poi ad una corrispondente raccolta, so che molto mondo li conserva ancora nel cuore. A maggior ragione dovremmo essere più generosi nel lasciare qualcosa alle generazioni future, visto che il mondo del potere va esattamente dal verso opposto, basti guardare alla faccenda del gas e dell'ambiente al quale si preferisce per interessi presenti non attuare nessuna trasformazione eco, pur avendone le possibilità.

C'è addirittura uno studio nucleare per l'universo su come andare a caccia di pianeti nuovi da" usare" visto che questo lo si vuole proprio finire, e ci si andrà senza chiedere al mondo se è d'accordo, utilizzando energia nucleare a rischio del pianeta e, a questo punto, dell'universo. Il nostro pianeta dura da miliardi di anni, è concepito per un utilizzo naturale e già ce lo comunica con insistenza. Per tutto, se davvero lo vogliamo possiamo fare qualcosa, uniti tutto si può fare.

A capo di ogni cosa che non va ci sono quei qualche imbecille che, oltre al fatto di credere di essere immortale, vive accecato dagli interessi materiali per se e non sa guardare oltre. Se tutti entrassimo a fare parte di una sana coscienza collettiva, in pochi minuti si salverebbe il modo. Tutti i servi degli strz e dei malvagi, nello stesso momento si girano e se ne vanno. Anche "i cattivi"soli non possono nulla. Senza schiavi, sono privi di azione! P.T. Immagina che domani mattina alle 6.15, tutti i soldati delle guerre girano il Q e vanno a casa.

Chi la fa la guerra? Le guardie irachene, alla stessa ora, aprono i carceri e vanno tutti a casa. Chi le picchia le donne senza velo? Nessuno! Il popolo è mondiale e non nazionale, diversamente siamo sempre uno contro l'altro. Il popolo è quello che, mentre vanno tutti a casa, ci sarà chi si adopererà per aiutare chi ha subito, chi ha bisogno. Tutti hanno fornito armi gratis, ok, ora fornite mattoni e cemento gratis per ricostruire ciò che con le armi è stato distrutto. Proviamo a vivere di collaborazione reciproca, tutto gratis, ognuno da e fa ciò che serve al bene collettivo! I soldati danno la loro manodopera gratis insieme ai cittadini sani.

Tiriamo fuori i pannelli solari gratis, affinché il popolo senza casa e al freddo si possa subito scaldare e lavarsi con l'acqua calda, e qualcuno li progetterà, qualcuno li realizzerà, qualcuno li trasporterà e qualcuno li monterà. Gratuitamente, accedendo anche loro stessi alle offerte per il bene collettivo. Troviamo a livello sempre mondiale i pasti gratis!

Affinché tutti i lavoratori possano sfamarsi e intrattenersi convivialmente fra loro, perché la tavola deve tornare anche questo! E troppo facile per essere compreso, me ne rendo conto, anche se credo proprio che ogni soldato che in qualsiasi parte del mondo stia combattendo una guerra non sua, perché sua non può esistere. Chi vuole una guerra è solito a farla combattere agli altri, davanti a una proposta del genere farebbe il cambio molto volentieri. Se non c'è più nessuno che "dà retta" ai merda, si può fare! Putin rimane solo, Zelensky rimane solo, Biden rimane solo e magari l'entità America viene fuori con un nome e cognome! Gli altri tutti a casa, o ad aiutare chi ne è rimasto senza.

Tutti insieme come uomini mortali che devono mettere ordine per chi arriverà dopo di noi, uomini che apprezzano il sole che si leva la mattina e lo stesso che tramonta la sera. Uomini che condividono un pasto caldo come i mattoni per ricostruire il mondo. Nessun "cattivo"ha più strumenti e potere per contrastare questo nuovo stato delle cose. Del comando del tuo o mio, del potere, della repressione, il denaro, non serve più nulla, neanche la macchina fotografica per immortalare quel tramonto stupendo inquarto sarà sempre più facilmente la tua ricompensa anche domani, e vuoi vederlo dal vivo con i tuoi occhi!

Vedi come indipendentemente dalle ricchezze o povertà di tasca, dalla religione, dalla terra di appartenenza e dalla razza, tutti godono di quello stupendo concerto della natura di un tramonto non più segnato dai missili e dalla paura, nessuno ha più secondi fini! E ci sono voluti pochi minuti, tutti sanno che cosa è bene e che cosa è male e lo hanno sempre saputo, oggi è in pratica! Non ci saranno più concorrenze sleali, produzioni di cose che non servono e voglia di stra avere e strafare. I meccanismi commerciali e di pagamento saranno regolati dalla misura in cui un mondo sereno che ti circonda ti fa desiderare di contribuire allo stare bene del tuo prossimo a seconda delle tue capacità, e tutti si spremeranno molto volentieri. Vedremo allora quanto i più ricchi del mondo possano provare un senso di difficoltà e paura davanti a una cosa del genere. Anche perché tutto quel avere oltre che avergli stretto il cuore nella morsa della paura di essere derubati, li ha anche privati dello slancio per offrire qualcosa di sè che non centra nulla con gli averi materiali. Proveranno a comprare qualcuno ma sarà finalmente inutile, l'amore non è in vendita e si proverà tanta pietà nel vedere questi poveri ricchi elemosinare un attenzione e nel non fidarsi di riceverla gratuitamente, se ci impegniamo tutti insieme passerà.

Capitolo III

Operare su ciò che è stato corrotto. I servizi

Vi racconto una storia. Il sig. Orando, 70 anni, dopo i suoi anni di lavoro da portuale è andato in pensione, con circa una discreta pensione. In breve tempo, la salute lo ha abbandonato, prima un infarto, poi amputazione di una gamba, nel giro di altri dieci anni la gamba amputata ha subito altre due amputazioni e il sogno della protesi che è svanito nel momento Covid, in quanto non è stato possibile prestare le cure necessarie al moncone che avrebbe dovuto indossare, il guanto di silicone con sopra l'arto di plastica.

Durante il Covid è rimasto solo, la moglie all'estero stava seguendo una figlia morente, con grande dolore e una nipotina. L'I.N.P.S ogni due anni lo chiama a controllare la sua invalidità, perché, come sappiamo tutti, gli arti amputati a volte ricrescono.

L'AUSL gli ha dato con fatica supporto, una giovane assistente o venivano a lavarlo la mattina o gli facevano la spesa, addirittura! Un' assistente mussulmana che lo obbligava a mangiare e gli acquistava, il pane arabo semicrudo che a lui non piaceva, e un sacco di seccature che ad una persona in quelle condizioni sarebbe gentile evitare.

Orando all'ultima visita I.N.P.S risponde: questa estate non ha piovuto e la gamba non mi è ricresciuta". Risposta: faccia poco lo spiritoso, sì ricordi che se non viene alla visita le sospendiamo l'invalidità, e per dimostrare che è invalido servono poi almeno due mesi. Nel frattempo all'amico è stata tagliata anche l'altra gamba, e rimasto solo, si è dovuto trasferire in una casa famiglia, con i costi che conseguono, e se sei lucido il disagio.

Gli passano la carrozzina elettrica, ma se vuole gli arti se li deve pagare! E i soldi non bastano. Mi diceva che non può più sedersi sul water, e che nessuno ha un'idea di che brutta cosa è. Purtroppo durante il look down non sono riusciti a fargli la fisioterapia concordata, e il suo medico, ottantenne e comunque stipendiato, si è perso lui stesso nella malattia senile, e non lo ha seguito. Ci vuole un po' di coscienza! Dirigenti complici nelle merdate soprattutto agli anziani tenutesi durante la pandemia, e complici della cattiva politica, c'è tutto fuori che il servizio al cittadino e ai bisognosi, che senz'altro sono le famiglie con i bambini, tutta via in un Paese degno di un nome prima ci sono gli anziani, che ha una certa età non hanno denari, qualsiasi lavoro abbiano fatto per anni impossibili e orari impossibili, da vecchi, non hanno i soldi per fare esami a pagamento, e in un anno spesso se ne vanno non curati. Chi deve controllare l'efficienza dei medici? Quanto prendono in euro?

Operare su ciò che è stato corrotto
Sanità pubblica

Lo stipendio sarà sospeso fino a che non si riescano a prenotare esami entro 20 giorni, 5 giorni per le urgenze e non sarà cazziato il medico di base che prescriverà l'urgenza. Lo stipendio sospeso mai sarà restituito e andrà a pagare gli arti mancanti e fisioterapie a chi ne ha necessità e non ha i denari per

Oggi non è più così, siamo inondati dalla pubblicità proprio come un lavaggio del cervello; se fai zapping in quanti canali c'è un programma e in quanti la pubblicità? Per questo non è stata corretta ma a maggior ragione utilizzata la propaganda dei vaccini. La P2, che aveva come mira grazie ai suoi lungimiranti iscritti appartenenti a TV e giornali, di manipolare il Paese, aveva se non altro espresso un concetto veritiero! Quindi compri con i "suggerimenti" che hai anche senza volere in circolo. Come Czzz ci si spiega che si deve pagare un canone per vedere la pubblicità che è fatta per manipolarci, e oltre che esserne il bersaglio finale noi, dopo avere fatto fruttare alle emittenti fior di quattrini dobbiamo pure pagare noi?

Noi che siamo il risultato finale e l'introito per il fruitore, dobbiamo pagare pure un canone? Non solo abolito, il canone sarà restituito a chi lo ha pagato dal Carosello in poi.

Operare su ciò che è stato corrotto

Internet

Pure peggio! E lo paghiamo.

Non riesci a guardare un czz, ad ascoltare un czz, che escono pubblicità infinite, con l'obbligo di 5/12 secondi, e tu che stavi facendo qualcosa, ti devi fermare ed ascoltare ogni stronzata per proseguire. A volte mentre aspetto perdo la concentrazione e dimentico ciò che stavo cercando perché mi sento così presa per il Q!

A parità di pubblicità, negli altri paesi internet è gratuita, ovunque e a pagamento se lo vuoi tu priva di pubblicità. Poi c'è chi ha vari apparecchi giga su e giga giù, per una cosa che non esiste, e milioni di spot pubblicitari da sorbirsi. La bolletta interurbana SIP, in confronto era un regalo.

Popolo patacca, questa non è nemmeno l'ombra dell'evoluzione tecnologica, evoluzione rincoglionilogica si chiama!

Operare su ciò che è stato corrotto

Social

In Italia da ora in poi, si seguiranno solo le leggi italiane! Facebook, sarà occuparsene autonomamente e a chi lo avete sospeso per i vaccini, a chi ha conservato le proprie idee.

Saranno cacciate via le Cooperative, per primi dalle RSA! Sono politiche e cercano incompetenti per pagarli al ribasso, distruggendo oltre che la nostra salute il mercato del lavoro serio, a discapito del popolo. O non vogliamo davvero comprendere perché i nostri medici e infermieri vanno all'estero? Se un cittadino ha malattie per le quali possono essere eseguite cure per prevenirne il peggioramento, tale cittadino sarà curato con priorità e gratuitamente, vedi Osteoporosi, Artrosi, Spondiliti e tutte le altre.

Un altro bell'esempio è la necessità di un intervento chirurgico. Anche urgente, spesso richiede un minimo di sei mesi di attesa, ma se paghi, gli stessi chirurghi dello stesso ospedale ti operano entro una settimana!! Parliamo poi del fatto drammatico della camera iperbarica, utile per parecchie patologie, impossibile da avere con il sistema sanitario nazionale, anche se in fase iniziale delle malattie coinvolte, sarebbe di straordinaria efficacia, se per caso sei cosi grave da avere tale prescrizione SSN, devi attendere mesi! Tuttavia se decidi di andare a pagamento in pochi giorni sei dentro! E non si guarda certo alle priorità delle malattie da curare nell'individuo in attesa, quanto come sempre, chi sei e quanto pagherai? E questa non si chiama corruzione? Ingiustizia sociale? Potere ai soliti? Vergognatevi! Poi con i Paesi esteri si fa la parte che in Italia si cura tutti. Bugiardi e vigliacchi. Per riavere lo stipendio saneranno a breve tutto questo elenco, diversamente faranno la fine che volevano far fare ai medici che non si sono vaccinati. Purtroppo a causa di alcuni, si è sputtanato l'intero sistema, ingiustamente e a discapito degli onesti e capaci colleghi degli stessi servizi.

Operare su ciò che è stato corrotto

Canone TV

Le TV campano con la pubblicità, almeno legalmente, tanto è vero che il comune cittadino non è certo in grado di fare pubblicità in televisione, al proprio forno, pasticceria, discoteca, balneare, hotel, e vado sulle grosse attività, e il pensionato a cosa potrebbe fare pubblicità? Il cittadino è colui che si guarda tutta la pubblicità e da questa viene manipolato, a questo serve la pubblicità, e ci sono degli studi per renderla efficace. Negli anni 60/70, la cosa era divertente e consapevole, comunque misurata.

sostituito da un similare italiano che avrà il potere in pochi secondi di prendersi tutti i dati, clienti e sti cazzi dei social americani. In Italia esiste la diffamazione e nessuno potrà più sputtanare chiunque a suo piacimento, per la diffamazione vale la legge italiana: due anni di carcere! Multa e risarcimento danni! Gli organi di controllo italiani, potranno verificare qualsiasi profilo falso e nel caso costui si sia comportato male, oltre che le leggi italiane, sarà soggetto a sputtanamento totale e non potrà più vedere manco da lontano i social per sempre! Tutti i profili social dovranno obbligatoriamente corrispondere ad un nome e un cognome, codice fiscale e documento di identità.

Se c'è un nick name, andrà dopo il nome e cognome. Se per facebook, si può bloccare un individuo che pubblica la relazione di un medico vero sugli effetti collaterali di un presunto vaccino, si deve anche dire, in caso di denuncia per diffamazione, il nome di appartenenza di un profilo falso che diffama altri. Chi ha qualcosa da dire dovrà metterci la faccia. Se hai qualcosa da dire dovrai quindi metterci la faccia!

Poi mi permetto di aggiungere un opinione che ritengo sana e impossibile da tenere per me: i defunti non hanno profilo su facebook, e se ce lo avevano non credo leggano da defunti i messaggi, tanto meno i nostri cari animali. Credo che i social ci abbiano tolto diverse parti di privato, e non mi pare un gran che rivoltare le emozioni più profonde nella bolgia di facebook. Anche io parlo con i miei defunti, in silenzio per i fatti miei perché si chiama emozione privata, la comunicazione del cuore, la trasmissione di amore e via discorrendo.

A mio avviso buttare in piazza in mezzo a gente che di chi scrive non sa nulla, le proprie emozioni private, è proprio di cattivo gusto. Dispositivo dell'art. 595 Codice Penale Chiunque, fuori dei casi indicati nell'articolo precedente (1), comunicando con più persone(2), offende l'altrui reputazione, è punito con la reclusione fino a un anno con la multa fino a mille trentadue euro. Se l'offesa consiste nell'attribuzione di un fatto determinato (3), la pena è della reclusione fino a due anni, ovvero della multa fino a duemila sessantacinque euro. Se l'offesa è recata col mezzo della stampa [57-58 bis] o con qualsiasi altro mezzo di pubblicità (4), ovvero in atto pubblico [2699], la pena è della reclusione da sei mesi a tre anni o della multa non inferiore a cinquecento sedici euro. Se l'offesa è recata a un Corpo politico, amministrativo o giudiziario, o ad una sua rappresentanza, o ad una Autorità costituita in collegio [342], le pene sono aumentate(5)(6). Quindi io mi tengo le offese su facebook perché in Italia seguire le leggi americane si può fare, tuttavia rischio l'ergastolo per scrivere la verità, e inoltre se qualcuno offende me mi difendo se ho i soldi per farlo, se offendi loro signori, pur con notizie di pubblico dominio, non è come se offendi me o uno qualsiasi, lavoratore, perché pare scritto che loro valgono molto più di noi!

Questo non ti pare abbastanza grave? Dove si trova la democrazia che scrivono sui nomi dei pariti da quasi 80 anni?

Operare su ciò che è stato corrotto
Istituzione italiana pacchi e lettere più altro che non sempre riesce

Anche qui sarebbe decisamente ora di finirla, hanno fatto i bancari, gli assicura tori e pure vi occupate di telefonia, mutui e prestiti, azioni. Anche se non spesso sanno rispondere a una semplice domanda che demandate alle infinite segreterie del numero preposto MRD. Tutte cose che non sanno fare, quindi a discapito del popolo come sempre.

Se poi ci si azzarda a fare una telefonata ai loro numeri di mrd, si attaccano segreterie fantascientifiche e ignoranti dalle quali non vieni fuori neanche se imprechi fino alla morte. Se per disgrazia qualcuno dovesse rispondere sarà velocissimo nel dirti che hai sbagliato tasto, dopo 45 minuti di attesa, vai a cagare, hai sbagliato tasto e devi ricominciare da capo, te lo ricordi il gioco dell'oca? Stai facendo quello!

Manca in diversi uffici una formazione minima sull'accoglienza del cittadino. Non si può lasciare un solo impiegato a gestire una fila di 30 e più persone. In oltre l'ultima trovata sul numero per tracciare le raccomandate è la milionesima cosa ignorante senza un motivo e un risultato se non quello di torturarci senza pietà, e le raccomandate ad essere reperibili ci mettono, grazie a questa idea idiota, più del doppio di prima. Rimane il fatto che già è un posto riservato ai raccomandati, almeno gli si insegni il mestiere! Se la gente aspetta in fila due ore, non si può chiudere e mandarli a casa dopo che gli si è preso tutto quel tempo.

Non è corretto farsi i fatti propri mentre c'è la gente che aspetta ore e compreso ricevere telefonate personali. Non lo è nemmeno che si accettino candidature solo di parenti di ex/e dipendenti, quanto a retribuzione lasciamo stare. Da ora in poi gli uffici di questo genere saranno aperti tutto il Sabato e tutta la Domenica, se non aggiungono personale per turnare gli orari, chiuderanno il Lunedì. Come gli esercizi che soddisfano i bisogni di un pubblico che lavora e non può perdere anni per le file alle poste, soprattutto fra settimana.

Ci sarà uno sportello con tempo di risposta max 24 ore, per tutti i documenti che si possono spedire via Pec/ Mail/ whatsapp, dove si entrerà con lo spid, al fine di fornire un identificazione congrua ai pannoloni degli impiegati di questo genere. L'obiettivo del servizio postale diverrà così, quello di agevolare i cittadini nell'affrontare questo frequente obbligatorio passaggio, facendo fluire con gentilezza anche il lavoro dei cittadini stessi che non hanno un impiego sicuro negli uffici postali. Le raccomandate saranno precedute da un SMS, che preavvisa della consegna in data e ora, con margine di 20 minuti max. entro i programmi di consegna degli addetti, si possono richiedere variazioni di orario e concordare la consegna. Ai lavoratori, salvo richieste diverse, sarà riservato l'orario: 6.30 - 8.30 /13-15.

Sarà sicuramente più logico che un addetto pagato per farlo faccia due giri, piuttosto che come è ora, ne faccia uno a vuoto e il cittadino, lavoratore, debba recarsi poi all'ufficio postale e perdere cosi il suo tempo dato che non lo fa certamente di mestiere. Ci sono molti dipendenti di questo servizio corretti e che ci tengono alla gente, tuttavia la scorrettezza del sistema fa si che si sputtani una categoria intera e ingiustamente a discapito di quelli bravi e coscienziosi.

<h3 style="text-align:center">Operare su ciò che è stato corrotto</h3>

<h3 style="text-align:center">Polizia Stradale/Giudiziaria/Postale /Statale</h3>

Li teniamo, solo un po' più di attenzione alle telecamere. Chiedo. Collaborate con i gruppi di volontari tutela cittadino, quartiere, con efficienza istantanea e tanto tempo proprio, privi comunque di quella burocrazia che vieta un intervento al momento del bisogno! Non può esserci un autovelox che fa la multa a me ai km/h 52, e uno che, passato l'autovelox mi supera in un centro abitato. Con la patente scaduta o la mancanza di assicurazione la gente va arrestata, perché se prendono sotto qualcuno, oltre il danno la beffa, ovvero in Q alla 75 vittima! La Polizia Postale deve avere pieni poteri di andare a fondo su ogni frode/ diffamazione, che si svolga in Italia e se facebook e compari, vogliono seguire la legge americana devono essere cacciati dall'Italia. Ricordo in oltre che: "non avete il diritto di essere erranti come le persone comuni: alcool droghe e mignotte vi scomunicano dal servizio per sempre." Da ora in poi collaboreranno tra loro come un meravigliosa squadra pro-cittadino.

Operare su ciò che è stato corrotto
Ieri e l'altro ieri: i multatori seriali

C' è multa e multa.

La multa di quello che a casa sua non se lo caga nessuno, che definirei multa dispettosa. La multa seria per la quale magari trattate o forse dipende di chi è l'auto? La multa perché il vostro capo vi ha dato un budget settimanale o mensile, con un premio! La multa vigliacca si chiama. La multa per occupazione posto disabili è una multa da ergastolo. La fate?

La multa per il mal parcheggio dove il guidatore ha l'obbligo di dichiarare chi è al volante dell'auto parcheggiata: multa ignorante. Sarebbe sufficiente leggere l'assicurazione della quale non ho più l'obbligo dell'esposizione in quanto è in libera visione alle Forze dell'Ordine. Vedo che spesso in luoghi carenti di parcheggio, sono violate le norme dei parcheggi gratuiti, o forse siete riusciti a ridiscuterne il valore? Vedo i giacchini colorati che prendono nota dei biglietti dei parchimetri, per tornare ed al minuto esatto anche se sei presente ti fanno la multa: multa mrd. Indubbiamente esistono moltissimi vigili/ vigilesse, dotati di grandissimo buon senso: ma non sono abbastanza. Gli erranti, molto ingiustamente, ledono a tutta la categoria e all'immagine anche dei colleghi bravi logici e onesti. Ricordo in oltre che: "non avete il diritto di essere erranti come le persone comuni: alcool droghe e mignotte, vi scomunicano dal servizio per sempre".

Operare su ciò che è stato corrotto
Carabinieri, G.I.S., R.I.S., R.O.S.

Assolutamente indispensabili, anche se con storie inenarrabili talvolta solo ai piani molto alti, che pensano per sé e intascano, a fare il lavoro pericoloso poi ci mandano gli altri, che per un misero stipendio rischiano la pelle. Non tutti certamente, purtroppo è capitato sputtanando ingiustamente chi opera santamente. Effettivamente fino al grado di maresciallo, capitano e sottufficiali non la rischiano per un piccolo stipendio, ma per una vera vocazione. Dico solo che meriterebbero di più e dovrebbero partecipare alle decisioni delle leggi da strada, perché ci sono loro a tentare di proteggere la brava gente per strada, e spesso hanno le mani legate loro e non banditi e spacciatori! Riunione annuale di capitani e marescialli per provincia, che porteranno uno per provincia le proposte utili per svolgere in sicurezza il loro lavoro, alla riunione nazionale, con il governo il quale attuerà immediatamente Tutto ciò che chiederanno. Ricordo in oltre che: "non avete il diritto di essere erranti come le persone comuni: alcool droghe e mignotte vi scomunicano dal servizio per sempre."

<h3 style="text-align:center">Operare su ciò che è stato corrotto</h3>

<h3 style="text-align:center">Finanza e N.A.S.</h3>

Finalmente in collaborazione, rimane alto il sistema di controllo, in quanto in passato, diversi generali dell'arma hanno decisamente non dato il buon esempio. Tuttavia, rimane una caserma con alti poteri e alte capacità di proteggere il cittadino da imbrogli e imbroglioni. Per questo abbiamo bisogno di ampliare la vostra possibilità di controllo a difesa degli onesti. Anche se, da ora in poi lo studio presso le attività delle quali di solito si controllano cose superflue e inutili, come gli studi di settore, fatti forse con i piedi per non dire con il solito Q, non certo da voi! Già che esiste una legge con un decreto che impone il pagamento delle fatture entro 60 gg, chi furbamente si sottrae a questo tipo di correttezza nei confronti sia delle aziende che negli agenti di commercio, sarà segnalato alla CRIF e a tre fatture scadute gli verrà bloccato il conto corrente al fine di pagare prima lo scaduto a chi con fiducia gli ha venduto senza titolo allo scarico qualsiasi cosa. Basta ai furbetti che comprano a destra e a manca lasciando in merda molti colleghi... questo gioco va concluso.

Ad oggi, chi conosce i minimali per decreti ingiuntivi, sa che non corre nessun rischio, fa 30 fatture che non paga sotto i mille €. e la passa liscia! Ne gli agenti di commercio ne le aziende possono avere nessun tipo di tutela da questi individui che non hanno segnalazioni di nessun tipo! E lo chiediamo ai finanzieri per piacere! Un attività che in sei mesi non ti da i denari per pagare la fattura di sei mesi fa va chiusa d'ufficio! Il Vostro ufficio se ne deve occupare. Inoltre ricordo ai signori finanzieri che il lavoro è una cosa sacra e il fatto che loro siano in possesso di un buon lavoro stabile con un ottima retribuzione e la certezza di una buona pensione, gli accentua il dovere di controllare con giustizia i disturbatori dei lavori altrui e farli fuori, per come è possibile.

Nonostante la caccia ai lavoratori, ci sono ancora troppe persone buone ed ingenue che vanno in nero ad aiutare diversi scrocconi, questo è un controllo che va effettuato da parte vostra, e se beccati vanno salassati soprattutto per la malafede nei confronti degli ingenui che non avranno una pensione. Perché se vuoi un dipendente lo devi assumere e pagare, in confronto a questo 10 mancati scontrini sono un nulla di certo meno grave. Essendo che sarete voi, abbassata l'ascia della fiscalità scontrinale, ad occuparvi per la maggior parte delle attività, dovrete essere in contatto con i N.A.S. I N.A.S., vanno coinvolti al posto delle A.U.S.L., che non sono a sufficienza motivate, e che siano inciuci o meno, la loro visita è spesso annunciata. Quando si è in una cucina, o bar, il primo pensiero è domandarti se un altro facesse ciò che tu stai facendo, tu mangeresti?

Ci bevi nei bicchieri che escono dalla tua lavastoviglie? I cibi in frigorifero sono tutti commestibili? I piani della conservazione all'interno del frigorifero, seguono la linea anti contaminazione H.C.C.P.? Cucini e manipoli il cibo sulle scatole di cartone e sulla sporcizia? Di solito c'è una traccia di dove andare a controllare, ed è tutto ciò che ho elencato, che fa di un esercente un improvvisato non certo un professionista. Il ristorante con 700 coperti difficilmente ha problemi di questo genere, se non è una perfetta "macchina da guerra"chiude molto prima di quel numero di coperti.

Ricordo in oltre che: " non avete il diritto di essere erranti come le persone comuni: alcool droghe e mignotte vi scomunicano dal servizio per sempre".

Non sopra i 50!
E così la politica degli ultimi
30 anni ha puntato ad abbassare
il livello del "sapere".
Le Agenzie del lavoro prevedono
20enni che non hanno mai lavorato
e decidono dove piazzara, e se,
i 50enni con esperienza.
Cos' abbasano
le pretese sugli stipendi. Si
è distrutto il mondo del lavoro
impostando i giovinetti
sulla scia patacca dello yesman.
Annullamento di palle lavorative
e riduzione dei lavoratori schiavi.
Mentre le rate ti chiudono il Q e
per non essersi fatti coglionare
hanno ricveuto un multa

CAPITOLO IV

Operare su ciò che è stato corrotto

Lavori e mestieri

Affinché ci sia lavoro per tutti e si scelga di nuovo anche, dove serve la persona qualificata, che spesso ha più di 50 anni e deve essere retribuita per ciò che sa fare e per i problemi che con codesta persona non avrai! Certo che se si preferisce un apprendista, non è certo per fare spazio a i giovani ma per sfruttare le agevolazioni della messa in regola, e pagarli poco.

Basti pensare che lo stesso Stato e gli stessi Comuni, si sono macchiati di non avere pagato i contributi a diverse categorie di loro dipendenti, oltretutto pagati da fame, nonostante i loro ricchissimi stipendi e pensioni.

Art. 36. Il lavoratore ha diritto ad una retribuzione proporzionata alla quantità` e qualità del suo lavoro e in ogni caso sufficiente ad assicurare a sé e alla famiglia un'esistenza libera e dignitosa. La durata massima della giornata lavorativa e` stabilita dalla legge. Il lavoratore ha diritto al riposo settimanale e a ferie annuali retribuite, e non può rinunziarvi.

Costo del lavoro

Un dipendente ha, per il datore di lavoro, un costo sicuramente non più ammortizzabile in quelle ore di lavoro. Considerando il costo della vita, una persona che lavora 40 ore settimanali ha uno stipendio che va da €. 900 a €. 1200, al nord, sebbene neanche con €. 1500 oggi si viva una vita decente. Il datore di lavoro passa per tirchio, schiavista ed altro. In realtà non ci sono più i margini per tenere in regola al 100% un essere umano con malattie di quando in quando, maternità, ferie, TFR e una vita. Lo stato dovrebbe smettere di fare sia il magnaccia che lo strozzino! La gente non trova lavoro dignitosamente retribuito, chi lo fa per forza non è felice, i datori di lavoro sono nella merda e i lavoratori condannati ad essere pezzenti indipendentemente dalle loro ca pacità e dalle ore di lavoro che sono disposti a fare. Certo è che, come da vecchi intenti P2, siamo un popolo infelice e soggetto alla paura di perdere le briciole a noi destinate. Vedi come trattano i dipendenti le cooperative? Ma non toglieteci il calcio altrimenti protestiamo.

Operare su ciò che è stato corrotto

Le tasse

Fino a netto di €15.000 non si possono pagare tasse, anzi si avranno agevolazioni per le spese bollette affitto/mutuo e carburante.

-Fino a netto di €30.000 tasse al5%.

-Fino a netto di €50.000 tasse al 10%

-Fino al netto di 80.000 tasse al 15%

Oltre, fino al milione di euro, le tasse arriveranno al 20% + sgravio del 5% corrispondente ad un numero di dipendenti con esperien-

za ad uno stipendio da € 2000 e oltre il cui totale deve corrispondere al 5% del netto.

Oltre il milione di euro le tasse saranno del 25% + sgravio del 5% corrispondente ad un numero di dipendenti con esperienza ad uno stipendio da €2000 e oltre, il quale totale corrisponda al 5%del netto.

Con gente capace e pagata dignitosamente, c'è meno stress, meno I.N.A.I.L. pur parlando di adulti e più riuscita nei vari mestieri. Inoltre si manda la gente in pensione dignitosamente. Nel periodo lavorativo le persone andrebbero a lavorare più volentieri e i giovani potrebbero apprendere, con desiderio, un mestiere.

Ci si libera della schiavitù che stringe più i polsi e il petto delle catene ai lavori forzati e si torna uomini! Czz.

Operare su ciò che è stato corrotto

dottor Ballanzone

Non più Ponzio Pilato! Come sopra, già descritto, non potrete più prescrivere solo i farmaci che vi danno la mazzetta, soprattutto perché siete stipendiati e avete fatto un giuramento in un Paese cattolico. Se serve un esame, va fatto! Soprattutto agli anziani!

Sai come sono gli anziani di oggi, vengono dalla seconda guerra mondiale e credono di avere diritti: "il dottore mi ha detto che non è nulla ma che se il dolore ci continua di tornare. Poi mi ha dato un antidolorifico". "Babbo, ti prego, ce li ho io i soldi, andiamo a fare una tac a pagamento?" "sono 60 anni che pago i contributi! Non esiste che io faccia una tac a pagamento, il dottore ha detto che non è nulla e una TAC sarebbe superflua".

La TAC fu fatta molti mesi dopo e il male diventò incurabile. Da che andò dal medico a chiedere un esame al mese successivo, perse 20 kg, e altri 10 poi, ma il medico non era preoccupato. E stessa sorte per altri milioni di anziani, ricordo e ripeto, i vaccini in RSA, come start tap sperimentale. Pare proprio che costi salvare gli over 65, invece se crepano, l'INPS ha giovamento. Dopo tutto quello che si sono strozzati a ingozzarsi, non vorranno loro signori mica spendere €. 300 per un vecchio? Speriamo che gli capiti, quando invecchieranno e abbattendo le mafie i loro nomi saranno tenuti in una bella lista nera della memoria, se Buddha ci da una conferma.

Giuramento di Ippocrate

Consapevole dell'importanza e della solennità dell'atto che assumo, giuro: di esercitare la medicina in libertà e indipendenza di giudizio e di comportamento rifuggendo da ogni indebito condizionamento;

di perseguire la difesa della vita, la tutela della salute fisica e psichica dell'uomo e i sollievo della sofferenza, cui ispirerò con responsabilità e costante impegno scientifico, culturale e sociale, ogni mio atto professionale;

di curare ogni paziente con eguale scrupolo e impegno, prescindendo da etnia, nazionalità, condizione sociale e ideologia politica e promuovendo l'eliminazione di ogni forma di discriminazione in campo sanitario;

di non compiere mai atti idonei a provocare deliberatamente la morte di una persona;

di attenermi alla mia attività ai principi etnici della solidarietà umana contro i quali, nel rispetto della vita e della persona, non utilizzerò mai le mie conoscenze;

di mettere le mie conoscenze a disposizione del progresso della medicina;

di affidare la mia reputazione professionale esclusivamente alla mia competenza alla mie doti morali;

di evitare, anche al di fuori del mio esercizio professionale, ogni atto e comportamento che possano ledere il decoro e la dignità della professione;

di rispettar dei colleghi anche in caso di contrasto di opinioni;

di rispettare e facilitare il diritto alla libera scelta del medico;

di prestare assistenza d'urgenza a chi ne abbisogni e di mettermi, in caso di pubblica calamità, a disposizione dell'autorità competente;

di osservare il segreto professionale e di tutelare la riservatezza su tutto ciò che mi è confidato, che vedo o che ho veduto, inteso o intuito nell'esercizio della mia professione o in ragione del mio stato;

di prestare, in scienza e coscienza, la mia opera, con diligenza, perizia e prudenza e secondo equità, osservando le norme deontologiche che regolano l'esercizio della medicina che non risultino in contrasto con gli scopi della mia professione.

Anno per anno, chi ha deciso cosa? Chi non ha elargito cosa? Obbligatorio un giorno alla settimana, appuntamenti; numeri fuori dallo studio, onde evitare, visto che non ci sono il Sabato e la Domenica, di tenere inchiodato un paziente che lavora, in mezzo alla strada un giorno intero come un patacca!

I soldi che hanno percepito illegalmente e ingiustamente per fare i vaccini, saranno totalmente restituiti e divisi fra i medici, che hanno rispettato il giuramento e sono rimasti mesi senza stipendio. Vi ricordo inoltre: "che il vostro comportamento degenerato offende e sputtana tutta la categoria, e causa danni ai vostri colleghi onesti, e questo è molto ingiusto".

Operare su ciò che è stato corrotto

Strizzacervelli di ogni ramo e medicina naturale

Oltre alla laurea in psicologia, percorsi analisi propri, master/dottorati in medicina naturale ed erbe curative. Questo ruolo indispensabile sarà occupato da medici laureati nelle università, nei grandi atenei della storia. Con almeno dieci anni di mestiere, onde evitare calzolai con le scarpe rotte che fanno danni, presso le A.U.S.L., Comune, case comunali, a disposizione, fino all'estrema necessità non prescriveranno psicofarmaci ma prenderanno dalla medicina alternativa tutto ciò che può fare bene ai sintomi fino a un certo livello, e lo faranno diventare dispensabile dal S.S.N. Così come le cure di Dibella: scelgo io come czz curarmi!

Le mafie delle case farmaceutiche che alimentano i ricettari dei medici di base sono czz altrui, non sono agenti di commercio i medici, la mazzetta, perché solo questa può essere, sarà punita con il carcere senza discussione e radiazione dall'albo a vita. Gli psicofarmaci non sono palliativi né caramelle. Via dall'online, tornate ad essere in grado di fare un mestiere e soprattutto ogni due anni ci sarà una revisione sui vostri fatti personali: non esiste certo che uno psicologo che tratta male la moglie/il marito/i figli/la madre/il padre o ha gravi sindromi psicologiche, possa aiutare gli altri per la propria rivalsa ignorante e dannosa.

I coniugi e figli dei suddetti saranno ascoltati con cura prima che esercitino la professione, da gente preparata, che sia in grado di cogliere la paura, nel caso di dichiarazioni mendaci. È chiaro altresì che online non ci si laurea più come nelle università improvvisate, la laurea non è una rivalsa, è una garanzia per chi poi si rivolgerà a te per ciò che dichiari di essere all'altezza di fare, e non c'è nulla di più complicato delle scienze umanistiche da comprendere e sapere poi utilizzare, sono indispensabili, come un tempo i 3/5 anni di psicoanalista e un tirocinio di altrettanto tempo. "Da te viene chi è nella merda e ne è consapevole, lo Stato deve garantire che tu non gli darai il colpo di grazia, data la tua posizione questo può essere garantito solo seguendo un format rigido e sicuro!"

Per i pochi idioti, viene sputtanata una categoria che dovrebbe essere la più vicina alla "santità" inoltre si lede gravemente all'immagine dei colleghi seriamente preparati, e questo è gravemente ingiusto!

Operare su ciò che è stato corrotto
Agenti di Commercio diretti: settore alcolici

Considerando che gli agenti di commercio sono a totale proprio carico e, considerando che i loro clienti paghino entro 60gg, vedranno i proventi, ovvero la provvigione, che è una piccola percentuale, sugli alcolici fra il 10%e il 12% ovviamente esclusa Accisa, fra i 120 e 240 giorni, dal loro investimento quotidiano!

Quindi se io vendo una bottiglia di Vodka litro a 40°, a €. 11, 49 (+IVA), e faccio un 50% di sconto al mio cliente, quanto la paga il mio cliente? 11, 49-4, 19 (accisa) =7, 3 – 3, 65 (-50%) =3.65 + 4, 19 =€. 7, 84 (+IVA) sul quale io agente ho 0, 36 di provvigione, o €. 0, 72 se non faccio lo sconto.

E non capisco francamente come qualche disonesto possa mettere l'Accisa a parte, che serve a me per calcolare lo sconto, tuttavia rimane parte integrante del prezzo finale. L'IVA è a parte e non l 'Accisa che è un costo più che fisso, sulla quale non c'è sconto e l'agente non percepisce provvigioni, l'azienda venditrice ha la gestione del costo accisa senza guadagno. Quindi l'agente è venditore gratuito di accisa, per lo stato, pensa che durante tutto il periodo Covid nessuno ha parlato di agenti di commercio. E sarebbe disonesto dire al mio cliente che la Vodka costa

€. 7,3 più accisa, oltre che a portarlo ad un errore di prezzo e di aspettative sullo sconto, lo porterei anche all'errore sui suoi costi di produzione.

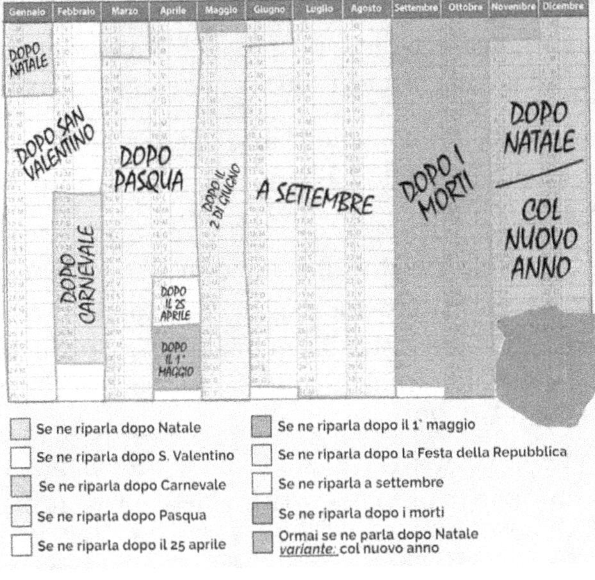

Bello è quando, di fianco ad un imbroglione che lo inganna con questo gioco, arriva il venditore onesto e gli dice che la Vodka costa €. 11,49 +IVA! Questo lavoro è legato alla provincia, ovvero le aziende, tramite contratto, danno le provincie agli agenti e per nessun motivo al mondo altri, possono vendere nella provincia, le provigioni delle vendite vanno sempre e solo all'intestatario del contratto con l'azienda, dicasi mandato.

Questa è l'unica certezza da parte dell'agente, il quale sempre più viene scavalcato da altri, veri o non veri grossisti, che pur avendo un prezzo di acquisto più alto, ipotesi, per la Vodka di prima, in quanto il grossista, vende ed è padrone di mercato, in quantità alte, di altri generi: bibite, acqua, birra, e sugli alcolici ha la possibilità di vendere le singole bottiglie, cosa che non può fare l'agente diretto che per effettuare una spedizione d'azienda direttamente ha un "minimo d'ordine" e quindi di bottiglie, chiaramente più è alto il numero delle bottiglie più si abbassa il prezzo della singola bottiglia.

Quindi l'organizzazione è equilibrata e lo stesso agente segnalerà al grossista, suo cliente, le vendite a lui destinate. Collaborazione proficua per entrambi. Questa è la teoria, la pratica è esattamente l'opposto. La dove il grossista, e con i grossisti si fa, riesce ad avere omaggio, esempio bibite in lattina, le farà pagare normalmente ad un cliente per poi togliere ciò che serve togliere alla Vodka di prima, costringendo il cliente, a modo... a comprare anche il prodotto gratuito, così lo mette in Q sia al cliente che all'agente diretto, vendendo il prodotto ad un prezzo surreale e facendo passare per ladro, l'agente diretto, che comunque ha un prezzo imposto.

Alcuni di questi finti grossisti fanno addirittura lo scambio merci, e li lo mettono in Q alla grande a tutti! Anche ai grossisti veri. Poi ci sono i più forti che tirano fuori gli sconti anticipati, su un cliente da fatturato lordo €. 200.000, arrivano, negli anni Covid, a settembre con €. 20.000 disponibili subito per il cliente, cash, lo mettono in condizione di non comprare da nessuno e spesso fino a che il cliente non controlla i prezzi, gestiti in parte con sconto merce e in parte con sconto denaro, non si accorge che sono impossibili da verificare, ma gioco che cattura molti che beccano, e quei €. 20.000, costano €. 60.000.

Tipo: il prezzo di un amaro famoso, direttamente dall'azienda produttrice a €. 11, 20 +IVA; loro a €. 18, 90 più IVA. Questa è routine quotidiana, dove l'agente deve tacere e non è facile, libero mercato un czz.

Allora già che non ci avete cagato di striscio chiedo questo: per provincia, chi acquista da agenti diretti serventi la provincia avrà 10% sconto su ritenuta d'acconto e 5% sugli acquisti ai grossisti ubicati nella stessa provincia, che comprano i marchi dagli agenti diretti delle aziende, per cui loro stessi avranno un 3% di sconto in ritenuta d'acconto I grossisti ubicati in tutta Italia, avranno obbligo di vendere i prodotti distribuiti dai rappresentanti diretti per provincia, a un 30% minimo in più, che corrisponde al loro minimo ricarico sugli alcolici.

Va assolutamente eliminato e prosciugato il mercato parallelo, anche quello estero che gioca sulle accise! Pena: vasca delle meduse e multa sia all'agente che all'azienda grossista, che all'azienda produttrice qualora abbia concesso un prezzo che mette in difficoltà il proprio agente diretto, con versamento rate INPS per l'anno intero solare a favore dell'agente diretto che si è fottuto alle spalle. Non sarà più possibile fare uno sconto anticipato, lo sconto è in fattura, e se un'azienda ha il reparto marketing, con quello, pagherà fatturando le sedie, le tende i menù e sti cazzi, come le aziende dirette, senza prendere per il Q nessuno come liberamente e mafiosamente si fa ad oggi, a rischio di fare fallire anche gli infallibili! Le mazzette date e soprattutto ricevute da chi fa gli acquisti, portano senza discussioni a 2 anni di carcere per disonestà, imbroglio e concorrenza sleale, sia nei confronti del datore di lavoro sia a chi vende onestamente, perché le mazzette escono dalla cassa poi di chi acquista, : "o credevi che il venditore le togliesse dalla propria perché gli sei simpatico?" Il locale dove lavora chi prende le mazzette rimarrà chiuso un anno solare e sputtanato tutta la vita. Anche fosse uno famoso con spinte politiche.

I conti si fanno sulle marginalità, dosi e porzioni, relative per gli alcolici ai gradi centigradi, e gli studi di settore fanno veramente cagare, non so con quale surrealismo ignorante siano stati composti, o forse lo so, almeno per la Romagna, le mafie dei polli!

Quindi l'agente di commercio serio è un mestiere difficile, pochissime donne, molte mogli di agenti sminuite ma in realtà di super valore, e io, che ho lavorato 12 ore fuori e tre a casa di PC, devo pulire casa lavarmi i vestiti cucinare ecc. E questo fa sì che io pretenda molto rispetto! Se un'azienda si comporta male, alla fine non succede nulla, come non succede nulla se un ladro collega ti fa un torto, lo paghi tu, in questo lavoro paghi tutto tu, soprattutto il tempo se lo destini agli idioti e ti fai fottere.

Che sia da contratto o no paghi tu. Quindi oltre alle regole sopracitate, serve un impegno maggiore da parte delle aziende che vogliono lavorare con noi. A instaurare rapporti commerciali tali per pagare le spese e campare, ci voleva prima del Covid un anno almeno, dove il rappresentante investe interamente solo.

A volte investi e quando sei vicino all'arrivo, danno ciò che hai promosso per un anno ad un altro al quale, con il tuo investimento, hai così aperto la strada. Ma anche a chi, assume incompetenti ai piani decisionali, che dopo il Covid e dopo l'alluvione in Romagna, si sono permessi di mandare a casa qualche agente che a proprie spese aprì la zona con zero clienti ricevuti i quali saranno seduti su una panchina fatta con i fichi d'India senza braghe ovviamente.

Lo stesso vale per le aziende che nel momento di difficoltà dei loro agenti li hanno scavalcati e si sono buttate sfacciatamente su internet, calpestando sia gli agenti che i clienti fedeli. Per un anno si intende dal 1° gennaio al 31 dicembre, in quanto questo lavoro è soggetto alle stagionalità: a Gennaio si prenota Febbraio che si prepara l'estate, e per la Pasqua, e si vende ai clienti invernali, che di solito si riempiono a Dicembre con sconti e promo di fine anno.

Marzo si fanno le basi estive e c'è ancora qualche fortuito piccolo spazio qua e la, e stai sul pezzo, passa un altro e con i €. 20.000 di prima ti si fotte che è una meraviglia. Se poi piove, cioè ogni volta che piove, perdi quasi tutto e poi ricominci da capo. Fra Aprile e Maggio, sempre con il gioco dell'oca che fai se piove, si stabiliscono i rapporti estivi. Fino a fine Luglio, si servono gli estivi, chi ha il dolciario fa il Natale, prendendo appuntamento a Giugno per Luglio.

Agosto dal 20 circa si fanno gli invernali e il Natale con il resto. Se inizi a Maggio spendi un occhio e non prendi, io lo feci perché passo un treno che non volevo perdere. Avere a che fare sotto questo aspetto con la gente non è sempre facile, anche se ho un 50% di clienti che adoro ed è veramente bello ed onorevole servire. Il problema sta diventando il rapporto con le aziende, tre aumenti per azienda di prezzo quest'anno e le provvigioni, non le ha aumentate nessuno pur svolgendosi il nostro lavoro con la pistola del gasolio in mano.

La mancata tutela presso i clienti, capita il mrd di turno, che decide di farsi anni a discapito degli agenti e fa ordini sotto una certa cifra e sa già che non ne pagherà neanche uno. E la passa liscia. Le aziende non intervengono perché il costo del decreto ingiuntivo supera lo scoperto, e anche se si potesse fare e farlo pagare al cliente, il rischio di perdere tutto non consente di procedere, così i tali fanno ordini fino a che arrivano, per ogni azienda di ogni agente e non essendo capaci di metterci tutti insieme e colpirli, perché sai, le aziende non si uniscono nemmeno se hanno lo stesso rappresentante, e così, come al solito ce lo pigliamo tutti in Q!

E gli agenti per primi. Riguardo i crollati sotto il Covid, agli agenti non ci ha pensato ovviamente nessuno! Aiutate le attività, fermo restando che rimangono, e in epoca Covid più che legale, con l'opzione di pagare le fatture, pur ricevendo aiuti che sicuramente non erano sufficienti, molte fatture non sono state pagate alle aziende, ed hanno colpito le provvigioni per i rappresentanti, oltre che gli incassi alle aziende.

Così come per ogni scoreggia che passa e il nostro lavoro si ferma, ma nessuno lo conosce e nemmeno gli è venuto il dubbio di informarsi.

Meteo, terremoti, guerra, bollette, e non oso pensare alle conseguenze dell'alluvione in Romagna di questi giorni. Propongo una chat per provincia: "SOS agenti", dove con obbligo di riservatezza, si pubblicheranno i clienti che fanno questi giochi al fine di non cascarci tutti dentro!

Mi pare che la festa sia finita, occorre dare un rimborso spese ai valorosi del marciapiede, scaricabili per le aziende, ma fissi, diversamente suggerisco di andarci voi aziende a vendere. Oppure di abbandonarvi a internet, fallire poi fra 10 anni assumerli con stipendi da parlamentari. E comunque noi gratis mai più!

Un azienda ti dice che ti toglie il mandato perché un suo amico uomo, vuole la tua provincia, tramite messaggio, e nemmeno ti saldano i conti estinzione rapporto pur essendo in regola perché si può fare e non puoi difenderti, la legge non c'è. Nel frattempo, il mese dopo l'alluvione in Romagna, l'azienda per la quale hai dato via il Q, e sei; prima del covid riuscita a portare per la prima volta nella sua storia, alti numeri, con tanto di super premio ecc.. ti toglie il mandato. Parlo di due fiori all'occhiello del mercato italiano, la solita beffa. Allora gli altri rimasti vedono se ti possono fottere, tanto si può, e di questo mestiere non sa nulla nessuno, quindi da chi czz vai?

Poi però tutti alla passerella delle scarpe rosse in piazza! Se c'è un Dio, sarà un vero spettacolo vedere il boomerang che vi piglia in Q.

Operare su ciò che è stato corrotto

Capi Area/Direttori commerciali/Direttori di qualsiasi ramo d'azienda che preveda la vendita tramite un rappresentante

Ma tu lo hai mai fatto il rappresentante? Da oggi con meno di dieci anni sul marciapiede, divisi per ogni provincia di Italia, tre alla volta, non potrai dirigere proprio un beato czz ! Causa la tua incompetenza io butto i miei investimenti quotidiani nel cesso se ancora non si è capito, dovrai conoscere le differenze di vendita, opportunità, limiti e delinquenti per ogni provincia, perché non sono tutte uguali!

Dopo avere concordato lo stipendio, dovrai sostenere un test orale e scritto con ogni rappresentante dell'azienda, se non lo passi vai a casa.

Sarà castigabile dare referenze positive agli incompetenti, che tu azienda cacci poi referenzi per non avere noie. Il personaggio così, come la mina vagante che è, distruggerà a sua volta il lavoro di altri, cosa che non sarebbe successa se almeno tu avessi detto la verità, o almeno omesso la menzogna! L'agente di commercio, lavoro con apparente libertà, è soggetto a qualsiasi cosa senza essere minimamente tutelato, pur facendo seriamente la differenza a vantaggio delle aziende. Spesso è un dipendente gratuito, ovvero che guadagna solo se altamente produce, e deve rientrare con INPS e spese auto varie, auto che durano max 5 anni, se vai oltre sono da rottamare.

Se mandi a Q gli inetti sopraggiunti nella tua azienda più importante, ovvero quella con la quale hai il 80%di fatturato, ti mandano via anche se hai ragione, te lo pigli in Q! Pur non essendo un costo che per te stesso, se arriva un idiota che vuole insegnare il Q a cagare, in teoria tu lo devi sopportare, in realtà io dico di no! Purtroppo a causa di alcuni inetti, si è sputtanato l'intero sistema, ingiustamente e a discapito degli onesti e capaci colleghi degli stessi servizi.

Ti garantisco che l'inserimento di inetti è molto grave e sintomo di grade mancanza di rispetto e maleducazione da parte delle aziende nei confronti dei loro agenti.

Nota: se incontri uno convinto di sapere tutto e sicuro di sapere tutto, non ti puoi sbagliare è un imbecille (Confucio V sec. a.C.).

Operare su ciò che è stato corrotto

Impiegati delle aziende di vendita

Carissimi signori, da ora in poi sarà d'obbligo un affiancamento con ogni agente che rappresenta la vostra azienda. Ci sono sicuramente attitudini e una mano lava l'altra, tuttavia la maggiore carenza rilevata negli ultimi 15 anni, è la vostraincomprensione del lavoro che si fa per strada. A nostre totali spese, e otto ore forse qualche venerdì, che, a voi, di solito il pomeriggio non vi si trova e anche la mattina ci mal cagate.

Nessun rappresentante starebbe a proprio agio tutto il giorno a sedere davanti un PC, e vi ringraziamo per la pazienza. Tuttavia non oso immaginare voi 12 ore in giro per strada a volte senza mangiare e spesso la pipi te la tieni, non c'è tempo. Noi dobbiamo sicuramente essere precisi nell'invio dei dati, ordini, clienti, pagamenti, condizioni di consegna ecc.

Voi dovete ogni tanto usare un po' di logica, sempre capire che almeno ciò che si invia il Lunedì e il Martedì deve essere consegnato entro il venerdì, in Italia da un po si lavora solo il weekend, se non lo sapete! O sono davanti a un cliente o sto guidando, e se per darti i dati di una scoreggia devo cercare mille codici, magari sotto il sole senza aria condizionata e poi devo cambiare occhiali, ed è tardi perché ho un appuntamento e quello dopo è raso di tempo, mi scappa la pipì e ho pure finito la bottiglia di acqua czz, PT, ma se non ti invio la cosa subito, la vedrai solo domani e non si fa in tempo, d'altra parte io non arrivo a casa prima delle 21 e tu alle 17.30 non rispondi più al telefono, e sempre immagino i preparativi di Fantozzi per l'orario di fine lavoro. Sarebbe carino che mi venissi in contro per tutti questi motivi.

Voi dovete gestire i corrieri, che non possono non attenersi alle nostre indicazioni e soprattutto mentire per tenere in "fermo deposito", a spese dell'azienda, la merce invece di consegnarla. 86 Con l'avvento degli acquisti Internet il mercato corrieri è in aumento e noi che siamo arrivati per primi non possiamo avere lo scarto dei corrieri, già che li pagate pretendete almeno correttezza ed educazione nei confronti dei miei clienti. Come tutti i mestieri, si va a denari, chi paga meno lavora male e spesso a mio discapito prima del tuo. Questo problema va aggiustato da chi se ne occupa dentro le aziende, e soprattutto i dipendenti vanno formati in quanto in un'azienda che si occupa di HO.RE.CA. Il punto fondamentale è la vendita, quindi la consegna che ne fa ancora parte, con certamente il pagamento. Sopraggiunge l'intensa necessità di remare tutti nello stesso verso! Purtroppo a causa di alcuni inetti, si è sputtanato l'intero sistema, ingiustamente e a discapito degli onesti e capaci colleghi degli stessi servizi.

I problemi non saputi gestire hanno influenze negative sulla vendita e sul mio carattere messo spesso a dura prova.

Nota: il successo dipende dalla preparazione precedente e senza tale preparazione il fallimento non tarderà ad arrivare (Confucio V sec. a.C.).

<h2 style="text-align:center">Operare su ciò che è stato corrotto</h2>
<h3 style="text-align:center">Ieri: barman e oste</h3>

Angel (dedicato al profumo)
Campione nazionale 2010

Un tempo c'era una distinzione fra questi due mestieri, anche se, uno non escludeva l'altro. C'era uno studio per tutto, a partire dal caffè, la raccomandazione che da che metti il gruppo con il caffè in polvere sulla macchina del caffè, 25 secondi e il caffè è bruciato. Il latte si monta e il risultato non è la schiuma ma la crema di latte, se facevi un cappuccino con la schiuma arrivava qualcuno e finiva nel lavandino, almeno in Romagna.

Sicuramente una scelta importante per ciò che riguardava il vino, le bolle e soprattutto la miscelazione degli alcolici. Tuttavia dicasi Barman/ Lady, colui/ lei, con uno spiccato senso di accoglienza, doti comunicative importanti, senso civico serio, come quello di cambiare spesso i guanti mentre si fanno le preparazioni alimentari e lavarsi le mano dopo che ci si è soffiati il naso, grattati ecc. Discreta cultura personale, almeno ottimo inglese, e studio professionale sulla miscelazione.

Il barman spia il cliente quando porta il bicchiere alla bocca, non ha bisogno di complimenti, solo non può fare a meno di vedere la smorfia del primo sorso, e se è di soddisfazione il barman sarà estasiato. Vero che mediamente è un soggetto con un pizzico di egocentrismo, che nei soggetti sani si dissolverà in sicurezza di sé, quando si impara il mestiere e invece di sfoggiarsi si diventa un po' alchimisti coscienziosi.

Dare gioia agli altri è un privilegio strepitoso, soprattutto, a differenza degli

chef che non hanno la possibilità di carpire la prima smorfia, vedere quel segnale di gradimento. Inutile sottolineare quanto le cose siano cambiate sia in egocentrismo che in conoscenza come priorità, è sicuramente la tendenza su tutto più scena e meno sostanza. Voglio solo approfittare e come tiramento di Q personale sottolineare pochissimi dettagli che mi fanno ahimè ancora incazzare: se versi una bottiglia sodata da un metro si sgasa gli home made sono una merdata, se consideri che ci sono aziende che lavorano per compiacere i barman da 200 anni, e con HCCP dipendenti e tutte le regole del caso, come fai tu a credere di essere migliore di 200 anni di ricerca? Visto che siete sempre a caccia di sponsor e fama, la dose alcolica se ti ricordi, come si usano i 40° è ancora di 4cl, togli un euro dal drink e vendigli un drink in più, senza ammazzare di alcool il tuo cliente.

I conti di drink si devono fare se almeno hai intenzione di usare i prodotti migliori. Per i pestati lo zucchero grezzo è scuro, migliore perché non si scioglie e decide il cliente quanto zucchero vuole ingerire, con la cannuccia, Il mosquito è il pestato con grappa di moscato bianca, 3 cl. nato come "quello nostro" totale antimafia dovresti pensarci tu a farlo che sei italiano e se non lo sei comunque fai da bere in un locale italiano.

Se ti vedo ancora spaccarti il ghiaccio in mando ti spacco la testa, che schifo! Anelli collane bracciali e unghie, erano vietati per un fatto igenico non per razzismo! Nulla si deve mai toccare con le mani, e i guanti fanno ancora più schifo, che ti ci gratti pure e ci tocchi pure i soldi. Pinze e palette!!

Operare su ciò che è stato corrotto

L' americano

Le dosi dell'americano sono: cl3 di vermout + cl. 3 di bitter e 3 dita di soda, mezza fetta di arancio e una bella scorza di limone fatta con il taglia scorze sopra il drink. Non ci va l'Angostura nell'Americano. Il vermut rosso, se non usi l'originale, deve avere max 140g/L di zucchero. Di vermut chinato cosi fatto c'è solo quello della storia da dove nacque il Milano - Torino, il quale, sostituendolo diede l'idea di pareggiare altri prodotti, spesso non vermut, con l'angostura. Vermout solo se ha 16°.

Wermout, significa assenzio che è l'ingrediente fondamentale, nessun colorante artificiale tranne il caramello e zuccheri compresi fra i 40 e 140 gr. /L. Per il bitter dall'originale in giù, per ciò che riguarda gli zuccheri, quando il fegato trasforma l'alcool in zucchero se c'è anche la badilata di zucchero aggiunto si può provocare una nausea, che spesso il cliente assocerà a ciò che ha mangiato, e non è corretto. La dose va rispettata perché quando ubriachi un cliente con un drink, al di la del tuo cassetto, gli hai rubato la serata, durante la quale magari avrebbe gradito sorseggiare un paio di drink, goderne e chiacchierare di più.

Togli un euro dal prezzo e vendi il doppio. Ancora riguardo le dosi aggiungo che l'Americano deve essere anche un drink per le signore, e le signore non amano essere ciucche dopo due sorsi, amano vaccheggiare con le amiche per più tempo, non glielo sciupare!

Lo Spritz, no comment, solo non è bordò, per lo stesso discorso degli zuccheri, appena 2cl di "liquore", e una bolla, appunto BRUT(zuccheri 6/ 15g/l anche se meglio non superare i 6 g/l) e la Soda ci va!! Sempre un tempo, sappi, che noi consigliavamo il cliente su cosa bere, non c'erano mode da seguire alla cieca, e ancora oggi, se presto servizio mi si chiede :cosa devo bere? Mentre passo dalle vostre attività e mi dite: la gente mi chiede. Non dico che dovete sfinire i coglioni alla gente con mille spiegazioni che non vi chiedono, dico che voi dovete sapere tutto di ciò che usate, e guidarli per fagli avere un esperienza al vostro bancone. C'è ancora chi lo sa fare ma veramente pochissimi per vendere un buon Cognac, devi sapere tutta la storia del Cognac, anche se non la racconterai, perché se la sai non puoi renderti conto che è un privilegio un buon Cognac, come uno Scotch.

Entrambi posseggono disciplinari, che sono garanzie assolute, e una storia, una magia. Facile vendere rum, con tutto lo zucchero che c'è dentro e zero disciplinari, sicuramente più facile ma non veritiero come la vendita di uno dei due menzionati, con un giusto servizio chiaramente!

E per ultima ricordo la grappa, il nostro distillato nazionale, che per disciplinare si può chiamare tale solo se fatta e prodotta in Italia, ed un altra serie di sobrie regolamentazioni. Oggi non è certo la grappa aspra del contadino, ci sono dei prodotti invecchiati, spesso grappe regionali, con i 42°, che non si fanno certo ridere dietro di fianco a uno Scotch ne a un vecchio Cognac. Meno moda e più cultura! Studiate! p.s. È severamente vietato ubriacarsi mentre si lavora. Purtroppo a causa di alcuni incapaci, si è sputtanato l'intero sistema, ingiustamente e a discapito degli onesti e capaci colleghi degli stessi servizi.

Operare su ciò che è stato corrotto

Prossimamente calzolaio

Il tuo lavoro è prezioso! E nessun laureato sa fare quello che fai tu, che mi permetti di portare una scarpa all'infinito e creare meno pattume possibile. L'ultima generazione di scarpe, oltre che mode burine ed esasperate, inquarto, il meglio ci è già stato dato, sono scarpe alle quali non si risuola un czzz, le usi e fai pattume, non le compro più calzolaio! I CALZOLAI NON DEVONO PAGARE LA TARI, IN QUANTO ORGANI FONDAMENTALI DI RICICLO

Operare su ciò che è stato corrotto

Prossimamente sarta

Ed ecco un altra magia, quegli abiti che durano 40 anni poi ingrassi tu, e non ci stai più dentro. Non ti hanno ancora scocciato. Mentre abiti nuovi con il doppio del costo che dopo una stagione sono sfiniti e lisi. Dovremmo smettere veramente di produrre pattume, la sarta come il calzolaio sono ancora due elementi preziosi e di riciclo, oltre che a insegnarci, come fece la mia grande mamma, che l'originalità non è seguire una corrente ma scegliere cosa vuoi, cosa è adatto a te. Le sarte non pagheranno più la TARI.

Operare su ciò che è stato corrotto

G.D.O. La Grande Distribuzione Organizzata

Come conseguenza del cambiamento e delle esigenze di mercato, la grande distribuzione organizzata, è la matrice di tutto questo, la pubblicità della TV, ha il solo fine G.D.O. Anche se la nostra ignoranza e superficialità non sono certo da meno! Noi non scegliamo più, andiamo dove ci porta la corrente, la pubblicità, senza la minima indagine o consapevolezza, e lo conferma la non lettura ne dei bugiardini dei vaccini ne dei fogli firmati obbligatoriamente per farli. Figurati un Gin o un Vermout, per non parlare di un amaro che spesso di questo ha solo il nome, ma lo hai visto in TV e dopo cena strozzati con un dessert con scritto "amaro" sull'etichetta. E comunque siamo perfetti per il sistema della Grande Distribuzione Organizzata, diamo retta e compriamo quello che ci dicono, come da accordi con i grandi super mercati. Te li ricordi gli alimentari in fondo casa? Avevano circa 200 clienti, ricchi, medi e poveri. Non si arricchivano ma vivevano bene, oggi sarebbe improponibile e già c'è un supermercato di fronte all'altro con notevoli problematiche a lungo termine.

Semplicemente quelli sono i potenti e i denari che circolano non vengono certamente dai margini, se consideri che hanno i prezzi più bassi di tutto. Quando hai smesso di andare al negozietto, il negozietto ha fallito poi chiuso, anche perché dall'alto le direttive erano queste, chi non si si è spostato obbedendo ha anche fallito. Questo vale per tutto oramai, quindi ti consiglio di scegliere più consapevolmente dove comprare le tue cose, sei parte integrante del commercio ed è meglio che tu lo sappia.

Certo è che quando le grandi catene avranno spazzato via tutto il resto, saremo tutti solo nelle loro mani, e se non ci va bene, sarà troppo tardi. Dall'altra parte ogni attività con grossi giri, ha giri diversi dietro, perché per le cose oneste di certo i margini non ci sono più, e quando vedi certi schieramenti di dipendenti, gatta ci cova. Almeno se conosci i costi e i margini delle attività, io dopo 30 anni si, vado fino in fondo e trovo la pecca, chiamiamola pecca. Mafie per gli acquisti, nessuno che fa un mestiere ma tutti messi li e nemmeno il presunto titolare spesso lo è davvero, sono giri di copertura con queste facciate sbruffone. E non sto parlando del sud Italia...

Non sono schietta più di tanto, a buon intenditore poche parole, sii consapevole quando spendi! Stai decidendo chi rimane e chi muore.

Operare su ciò che è stato corrotto

Pulcinella, Arlecchino e gli informatori di notizie

Tutti i signori e signore che per denaro hanno partecipato alla pubblicità dei vaccini anti Covid, dovranno fare cinque dosi dello stesso e farli fare a tutti i suoi familiari, diversamente, la vasca delle meduse e un anno di carcere per ogni persona che è morta o ha perso l'uso delle gambe come effetto collaterale del vaccino ed altri effetti collaterali. Questo per capire, che non si può mescolare la scienza con l'influenza di un totale ignorante che per denaro è disposto a dichiarare qualsiasi cosa consumando il delitto attraverso al manipolo consapevole della TV nei confronti del popolo. Cari ignoranti, avete approfittato della benevolenza del vostro pubblico e molti sono andati alla fossa mentre voi guadagnavate senza il minimo scrupolo su una cosa della quale non vi è nemmeno interessato informarvi.

Sarebbe giusto che paghiate salata questa vigliaccata. Siete uno più merda dell'altro, approfittare della fiducia di un altro magari che era estimatore dei vostri padri, che erano gente seria e non si sarebbero mai venduti così meschinamente, con la superficialità che avete dimostrato a danno del popolo. Merde! Per tutte queste tipologie di persone userò il titolo della nuova casta che hanno terribilmente arricchito: "Cacas ex Matris". Purtroppo a causa di alcuni stronzoidi, si è sputtanato l'intero sistema, ingiustamente e a discapito degli onesti e capaci colleghi degli stessi servizi.

Diversi medici dell'udienza sui vaccini della Food and Drug Administration (FDA) venerdì hanno affermato in una testimonianza esplosiva che il vaccino Covid-19 sta uccidendo più persone di quante ne salvi e sta guidando le mutazioni del corona virus come la cosiddetta variante 'Delta'. Il Comitato consultivo per i vaccini e i prodotti biologici correlati della FDA dopo 8 ore di testimonianza ha votato 16-2 contro il programma di richiamo Covid-19 proposto da Biden.

Durante l'udienza, il dottor Steve Kirsch, direttore del Covid-19 Early Treatment Fund, ha affermato che le iniezioni stanno uccidendo più persone di quante ne aiutino. "Oggi concentrerò le mie osservazioni sull'elefante nella stanza di cui nessuno ama parlare: che i vaccini uccidono più persone di quante ne salvino", ha detto Kirsch in teleconferenza. - Chuck (@VikeKang) September17,2021. "Oggi, ci concentriamo quasi esclusivamente sui salvataggi di decessi da Covid e sull'efficacia dei vaccini perché siamo stati portati a credere che i vaccini fossero perfettamente sicuri. Ma questo semplicemente non è vero". "Per esempio, ci sono quattro volte più attacchi cardiaci nel gruppo di trattamento nel rapporto della sperimentazione a 6 mesi della Pfizer", ha continuato Kirsch.

"Non è stata sfortuna. VAERS mostra che gli attacchi di cuore sono avvenuti

71 volte più spesso dopo questi vaccini rispetto a qualsiasi altro vaccino". "In tutto sono morte 20 persone che hanno ricevuto il farmaco, 14 che hanno ricevuto il placebo. Poche persone l'hanno notato. Se la mortalità netta per tutte le cause del vaccino è negativa, i vaccini, i richiami e i mandati sono tutti senza senso". "Anche se i vaccini avessero una protezione del 100%, significa ancora che abbiamo ucciso due persone per salvare una vita", ha aggiunto. Kirsch ha anche spiegato che nei dati sui decessi nelle case di cura, circa la metà dei vaccinati sono morti, mentre nessuno dei non vaccinati è morto. — Chuck (@VikeKang) September 17, 2021.

L'immunologa e biologa virale Dr. Jessica Rose ha notato che, sulla base dei dati VAERS, i rischi del vaccino superano i benefici nei giovani, soprattutto nei bambini, indicando un aumento di mille volte delle reazioni avverse all'iniezione nel 2021 rispetto all'ultimo decennio.

"C'è un aumento di oltre il 1000% nel numero totale di eventi avversi per il 2021 e non abbiamo finito con il 2021", ha detto Rose. Rose ha anche detto che i dati suggeriscono che i vaccini Covid stanno guidando l'ondata di mutazioni Covid come le varianti "alfa" e "delta". "L' emergere di entrambe queste varianti e il loro successivo raggruppamento sono sorti in stretta vicinanza temporale con il lancio dei prodotti Covid in Israele", ha detto.

"Israele è uno dei paesi più vaccinati, e sembra da questi dati che questo rappresenta un chiaro fallimento di questi prodotti per fornire immunità protettiva contro le varianti emergenti e per prevenire la trasmissione", ha aggiunto. Un medico del pronto soccorso di New Orleans, il Dr. Joseph Fraiman, ha notato che non esistono abbastanza dati di studi clinici su larga scala per assicurare agli americani non vaccinati ben informati che il loro rischio di sperimentare effetti collaterali del vaccino è inferiore alla loro possibilità di essere ricoverati. Doctor on FDA VaxPanel Admits Never Sleever's Are More Informed Than The Vaxxed... Says They Cannot Prove The Never Sleever's Are Wrong September 17, 2021

"Chiediamo che gli studi di richiamo vaccinale siano più voluminosi per affermare una riduzione dei ricoveri", ha detto Fraiman al panel della FDA. "Senza questi dati, noi dell' establishment medico non possiamo dichiararci contro gli attivisti del vaccino anti-Covid (novax) che sostengono pubblicamente che i vaccini danneggiano più di quanto salvino, soprattutto nei giovani e in salute." "Il fatto che non abbiamo le prove cliniche per dire che questi attivisti abbiano torto dovrebbe terrorizzarci tutti", ha aggiunto. Dopo queste testimonianze allarmanti, non c'è da meravigliarsi che il comitato della FDA abbia votato contro il programma di richiamo. Il comitato della

FDA che vota contro il programma di richiamo rappresenta un duro colpo per l'amministrazione Biden, che aveva annunciato ad agosto il suo piano di richiamo per gli americani che hanno già preso due dosi del vaccino. E ti prego di leggere, tutto, cosi comprendi da te che dietro c'è sempre qualcuno, come per la guerra in atto, e a chi fa queste cose, del mondo e delle persone non gli interessa affatto, o forse non lo sai?

Operare su ciò che è stato corrotto
Cacas ex Matrix, una nuova classe sociale

Questo nuovo gruppo si è formato fra il XIX° e XX° secolo, che come per errore o per magia, mantenendo poi il loro status per tutta la vita, sono semplicemente usciti dal buco, apparentemente sbagliato che poi si è dimostrato il buco corretto in quanto attinente a ciò che hanno prodotto per l'intera loro vita.

Sono i "non fa un czz dalla mattina alla sera "con stipendio da ricchi, i benestanti che hanno raggiunto una posizione non meritata, per leccaculismo, servilismo ai partiti, mafia camorra a ndrangheta, genitori e parenti, utilizzo di organi che non sono braccia gambe e testa, come merce di scambio, i vigliacchi, i bigotti e i venduti in generale.

Sempre approfittando di tutto ciò che di meraviglioso ha avuto da offrirci in insegnamento la pandemia, abbiamo finalmente avuto l'occasione di sottolineare questa casta sociale, che comprende tutti i giudicatori seriali che amano farlo senza documentarsi prima, e la campagna vax no vax, gli schieramenti e le offese allo stile ultras, sono certo di quella razza. Tutti i politici che hanno sostenuto l'obbligo vaccinale e non si sono vaccinati cosi come non hanno fatto vaccinare i loro parenti, avevano abbastanza denari per stare a casa.

Tutti i medici che addirittura hanno consigliato alle persone fragili, ma non ha i propri figli di vaccinarsi Tutti quelli che non hanno letto il bugiardino di Pfizer e Astra Zeneca, dove con una sincerità sconcertante c'è scritto tutto ciò che basta per dire no, o si, se ti sembra il pericolo minore! Tutti quelli che si sono vaccinati senza leggere ciò che sono stati costretti a firmare! Se ognuno di noi conosce almeno dieci persone con danni da vaccino, come mai al Governo non ce ne sia stato neppure uno con problemi post vaccino? Tutti quelli contrari che lo hanno fatto lo stesso! Tutti i giornalisti che hanno fatto pubblicità e dichiarazioni mendaci in quanto loro ed i loro familiari non si sono vaccinati.

Tutti gli operatori radiofonici che ci hanno rotto le palle dal mattino al mattino e non si sono vaccinati non hanno permesso di sottoporsi alla punturina nemmeno i loro familiari, proclamato un "credo in cambio di denaro". Tutti gli attorucoli e attricine e presentatori e chiunque sia riuscito a portarsi a casa un euro per sostenere la campagna dei vaccini senza averlo fatto né per sé né per le proprie famiglie. Certo che poi noi invece ci siamo trovati uno contro l'altro e abbiamo perso di vista il focus sul problema. Ci sono persone che sono state tenute lontano dai propri anziani nelle RSA, pur essendoci una sentenza di un giudice di Padova di aprile 21 che dichiara che con tampone negativo oggi io sono sano e non porto malattia a nessuno, con vaccino senza tampone posso essere ammalato e contagiare il mondo!

Poi gli effetti collaterali, dei quali oggi siamo tutti a conoscenza e non ci scanniamo più perché i cuori che si fermano li abbiamo visti tutti, come gli ictus e la perdita delle gambe senza patologie pregresse, le leucemie under 30, i tumori fulminanti ed altro. Per fortuna non hanno fatto marcia indietro, diversamente i vaccinati, probabilmente avrebbero fatto una strage, e legittima strage, mentre così, si può continuare a rompere le palle ai non vaccinati, che fieri di essersi salvati la pelle e animati da grave compassione, non reagiscono perché non serve più.

Nota: Al Senato e al Parlamento si entrava senza Green Pass. Dopo avere letto i bugiardini, letto cosa firmi per vaccinarti, spaventata dalla pubblicità in TV e radio, come la pubblicità di un supermercato, i centri vaccinali, ho lasciato l'ultima parola a J.L. Montagner, il premio Nobel che scoprì HIV, qualche Cacas ex Matris è arrivato a dare pure a lui del rincoglionito! Tipo campagne elettorali, per un vaccino che deve salvare la popolazione?

Al che ho preso la mia decisione senza rompere i coglioni a nessuno, se non a me stessa con mille tamponi! Argomento pericoloso, lo so, e per questo non si può e non si deve evitare, a meno che io che non sono medico, osi un trattato scientifico. Io parlo di fatti, nomi, mancanze e sentenze reali, ovvero il perché non sia riuscito sto czz di vaccino, io non lo posso capire se non statisticamente comprendere che ho fatto la scelta giusta. E sicuramente di questa non nuova ma finalmente arricchita e ben definita classe sociale, scritti per ultimi, ma eletti per primi, gli inetti consiglieri assessori, sindaci e vicesindaci dei partiti che hanno demolito l'idea di istruzione e sapere fare qualcosa, di cui già abbiamo parlato, e anche gli altri che hanno comunque colto l'opportunità pur avendo dubbi e non si sono vaccinati ne hanno vaccinato i loro cari, ma lasciato l'obbligo a noi.

Controllo a nastro di tutti i conti correnti dal 2020 a oggi, di tutti gli appartenenti ai due partiti degli inetti, radio e TV che è già stato pubblicato, come indicazioni dal capitolo precedente. Trovato il bandolo della matassa, a tutti gli individui collegati, 5 dosi di vaccino a loro ed ai loro familiari! Di quelli che ha fatto obbligatoriamente il popolo: P. T. Avremo poi certamente grandi titoli sui giornali e sapremo per cosa è stata barattata la nostra pelle.

Art. 21. Tutti hanno diritto di manifestare liberamente il proprio pensiero con la parola, lo scritto e ogni altro mezzo di diffusione. La stampa non può` essere soggetta ad autorizzazioni o censure. Si può` procedere a sequestro soltanto per atto motivato dell'autorità` giudiziaria [6] nel caso di delitti, per i quali la legge sulla stampa espressamente lo autorizzi, o nel caso di violazione delle norme che la legge stessa prescriva per l'indicazione dei responsabili. In tali casi, quando vi sia assoluta urgenza e non sia possibile il tempestivo intervento dell'autorità` giudiziaria, il sequestro della stampa periodica può` essere eseguito da ufficiali di polizia giudiziaria, che devono immediatamente, e non mai oltre ventiquattro ore, fare denunzia all'autorità` giudiziaria. Se questa non lo convalida nelle ventiquattro ore successive, il sequestro s'intende revocato e privo d'ogni effetto.

La legge può` stabilire, con norme di carattere generale, che siano resi noti i mezzi di finanziamento della stampa periodica. Sono vietate le pubblicazioni a stampa, gli spettacoli e tutte le altre manifestazioni contrarie al buon costume. La legge stabilisce provvedimenti adeguati a prevenire e a reprimere le violazioni.

Nota: Dove l'uomo superiore coltiva la giustizia l'uomo mediocre coltiva la speranza di ricevere dei favori (Confucio V sec. a.C.)

Operare su ciò che è stato corrotto

I bigotti

Dicasi, di persona che mostra esagerato zelo nell'esteriorità e non nello spirito. Esempio: Un bestemmiatore seriale che la domenica va in chiesa "esegue le preghiere meccanicamente come un'abitudine, per mostrare agli altri di essere ciò che è figo anche se lui non lo è.

La forma e non la sostanza. Diciamo che è una faccenda che disturba molto frequente, l'abitudine alla menzogna, forse si dimenticano chi sono davvero! E ritroviamo di certo i traditori/traditrici, le paperine la lunga fila di specialità politiche e i Cacas ex Matris. Purtroppo questo falso modo di vivere danneggia moltissimo la vita di tutti, fa perdere un sacco di tempo, ti porta regolarmente fuori strada. L'assurdità di questi personaggi è che poi sono loro che controllano ciò che dici e non si fidano di nessuno.

Conosco un personaggio che dice due bestemmie e una parola, e un giorno mi ha ripreso perché ho detto merda e vaffan' culo. Ho provato a fargli notare da che pulpito veniva la predica, senza risultati, stessa cosa con uno che scorreggiava per strada mentre camminava, due parole e una bestemmia, mi criticò la parola "immerdata" che trovo peraltro veloce nel concetto e quindi espressiva. Quei personaggi che hanno due vite, quanti ne ho visti, fanno veramente vomitare, bugiardi come la pece convinti di essere superiori agli altri e i primi a criticare tutti a prescindere. Quello che se lo prendi da solo, ti segue e si spolmona per compiacerti, appena sta con qualcuno ti parla alle spalle perché per compiacere quel qualcuno serve che lo faccia, poi è come non fosse successo nulla. Il suo problema è farla franca, non certo comprendere la viscidità dei propri gesti.

Al primo sentore il bigotto va allontanato, e buttato ignudo nella bella vasca delle meduse, 30 giorni Un bell'esempio pratico e attuale: qualcuno ha osato proporre di saltare il presepe per non offendere le altre religioni, noncurante della cultura del nostro nonché suo popolo, poi, noncurante della guerra in atto e dei milioni di reduci della guerra che sono in Italia, ne dei poveri clandestini arrivati con le navi che nessuno vuole e i soldi per farli mangiare e stare dove li troviamo, poi i botti di capodanno come non ci fosse un domani! Centinaia di milioni di euro e i reduci di guerra sotto i tavoli come i nostri cani, dalla paura.

Dell'umore di questa gente non è importato a nessuno perché i botti sono la tradizione da non sacrificare, non certo il presepe! E tutte le manifestazioni festose TV, Governo, senza preoccuparsi di chi a pari età con poco più di €. 500 al mese non è certo stato considerato nel Natale, ne per rispetto ne per possibilità e una gratifica da oltre 10 volte tanto ai parlamentari, che in un anno forse porteranno le pensioni a €. 1000 questo è bigottismo di quello serio! Si è praticamente detto agli anziani che il loro Natale vale circa come un anno e mezzo della loro esistenza, il dubbio che al bagno i signori producano lingotti d'oro sarà venuto a qualcuno? Sono quelle situazioni durante le quali provo vergogna di essere Italiana.

Operare su ciò che è stato corrotto
I vigliacchi

Che se ti puzza il Q, anche l'alito non deve essere un gran che. A ridai di politici di prima, paperine, profili falsi sui social, bigotti, Cacas ex Martis e traditori. Quei merda che ti pugnalano alle spalle, vittime della loro inferiorità sia mentale che di animo. Certo che è facile fare i "finocchi" *con il Q degli altri, tirare il sasso e nascondere la mano e via discorrendo. Sempre più uomini che donne, in quanto la vigliaccheria è l'esatto opposto dell'istinto materno, che comunque non è virale. a quelli che usano la loro posizione per ottenere ed essere rispettati.

Nei rapporti uomo donna che si nascondono dietro il vittimismo e debolezza, agganciano l'istinto materno delle signore e il gioco è, quasi sempre fatto. Persone non affidabili, che se solo hanno il sentore che tu possa avere bisogno, scappano di volata. Che tu per loro ci sei sempre, ma oggi che hai bisogno, non ti hanno risposto al telefono e ti chiameranno fra 15 giorni, sicuri che avrai risolto, per chiederti un piacere, un consiglio urgente e fingeranno di non avere visto la tua chiamata, saranno convincenti, e gli crederai, anche perché una persona disponibile fa molta fatica a vedere questo. Perché certa gente vuole prendere e non dare!

È un po' come gli indigeni quando videro le caravelle di Cristoforo colombo, mai viste e sconosciute, credevano fosse un mostro del mare. Perché le persone sincere sono sempre coraggiose, e quando si trovano davanti questi merdastri, gli è più facile dubitare di sé stessi che degli altri, in quanto non credono davvero sia possibile, che una persona abbia tutto questo egoismo malefico dentro. Un mio conoscente, prima di whatsapp, negli anni di SMS e bollette chiare, faceva lo splendido con una giovinotta, che incontrai per l'occasione, costui pescava, lontano da casa quindi aveva il cellulare in libertà e ad una certa partiva l'orario SMS. Centinaia di SMS tutte le sere, e anche lunghe chiamate, la giovane è stata tratta in grande inganno, e, dopo un anno di resistenza ci cascò tanto da farsi molto male.

Un bel giorno arrivò la bolletta "chiara" (elenco chiamate/SMS per numeri interi di telefono) a casa dell'individuo, la compagna nonché convivente, lesse la bolletta. Io credo che le donne lo sanno sempre e fino ad un certo punto lasciano correre. Questa signora ebbe un risveglio improvviso e dopo molti anni di convivenza, altro che un cesto di lumache, fece la valigia e se ne andò senza nemmeno discutere. E adesso viene il pezzo forte: Lui chiamò la giovane oca amante, le raccontò l'accaduto, e le chiese di confermare, qualora la donna la avesse chiamata, che tutte quelle chiamate e SMS erano dovute al fatto che la giovane aveva un fratello tossico ed era disperata, quindi bisognosa di consigli e di aiuto da parte di lui, che essendo uno splendido non poté tirarsi indietro.

Una pugnalata in mezzo al cuore forse avrebbe fatto meno danni, cosi la giovane beccona comprese che il tizio era un bugiardo cronico in quanto a lei aveva dichiarato, in un anno di estenuante corteggiamento che con la sua signora non aveva rapporti di alcunché, eccetto la cena, durante la quale si raccontavano la giornata, con aggiunta di commenti sulla signora anche poco gradevoli. Oltre mostrare alla signorina un livello di falsità e vigliaccheria sicuramente da premio nobel.

Quindi non le crollò un muro addosso, un grattacielo casomai di convinzioni angeliche sul tizio, tutte in pochi minuti, la vidi poco dopo e mi impressionai per la sua ingenuità, direi candore infranto. Poi la signorina si rialzò, ma ebbe le ginocchia tremanti per diverso tempo. La incontrai diverse volte, e riconobbi la forza, sopraggiunta ad una stupidità giovanile, perché le persone buone e sincere sono più portate a credere, ma buono non significa stupido! L'intelligenza la noti quando un incidente di questo tipo, insegna qualcosa e non ti fermi al disprezzo e al dolore. La consapevolezza di una questione non può fare altro che darti la forza e la voglia di girare pagina. Forza e voglia sono ingredienti di riuscita. 99 Quindi ho espresso il concetto del titolo appieno di sicuro! Vigliacchi non si diventa, si nasce! Nomino assolutamente tutti i burocrati del nostro Paese, compresi quelli che non riescono minimamente a calarsi nei panni degli altri e rendono qualsiasi cosa impossibile, perché gli hanno detto che.

Nota: Mi scuso per la parola "finocchio", è in termine sereno per esprimere un concetto antico e non ce ne stava un'altra.

Operare su ciò che è stato corrotto

I disonesti

E anche qui, nessuno cambia dopo un po', solo che se non sei di quella razza fai fatica ad accorgertene per tempo, anche se non puoi negare che la prima sensazione che hai avuto davanti a quella persona era di allarme e dopo un errato e serio combattimento con te stesso, dove ti sei sentito cattivo per avere messo in discussione la buona fede altrui "a prescindere", ti ci sei voluto fidare di prepotenza e come è logico che sia, i nodi prima o poi arrivano al pettine.

Sfruttando la tua osservazione sei riuscito a mettere in fila il piano di chi ha cercato di usarti scorrettamente e a proprio vantaggio con la certezza che tu non potessi accorgerti di nulla. A quel punto sei rimasto sconcertato a guardare, la precisione della tua prima sensazione e l'architettura stupida del disonesto che crede proprio tu sia fesso.

L'esempio più brutto che posso fare, ma esplicativo: il pollo che mangia il mais dal filo, poi si tira il filo! E il pollo dovresti proprio essere tu, l'individuo che era sicuro di mangiarti in testa ancora parecchio, con frasi a modo e mille cazzate brutte e ignoranti, non si è accorto che lo hai scoperto. Sicuramente con una bella miscela fra le qualità sopra elencate, e spesso è gente che se avesse anche solo un briciolo di potere, farebbe danni grossi. Di solito inciuciano i personaggi fragili e molto buoni, disponibili, quelli che ad ogni no riescono a farsi sentire in colpa perché Gratis non hanno sfamato una sanguisuga mentre hanno ancora 1 cl di sangue nelle vene! E infatti appena gli dai lo stop sei brutto cattivo ignorante TU!

Ho appena concluso un esperimento di questo tipo, facendomi mettere per iscritto le varie promesse, commerciali, da una persona di queste, ammetto che un po ci ho sperato che si rendesse conto che le parole che non mantiene a discapito di chi le riceve, creano poi reazioni a catena che si ritorcono obbligatoriamente contro alla fine come il famoso boomerang. Non sarò certo io a cambiare l'indole dei disonesti, questi premeditano e decidono che te l'hanno fatta per forza.Se anche gli dimostri che hai tenuto tutti i passaggi, più di ricevere offese non si va. Il disonesto lo è di indole, non è certo un individuo che riflette sul suo comportamento e ti chiede scusa, anche perché l'ottusità ignorante va a braccetto con il paraocchi che si chiama orgoglio, che è il coglione destro dell'ignoranza, magari di essere brutte persone. La gente di questo tipo poi inesorabilmente paga prezzi così salati che tu stesso non avresti neanche desiderato infliggere, la legge di semina e raccolta! Ed è tutto inutile, bisogna girare alla larga! Tanto poi cuociono nel suo brodo.

Nota: Sapere ciò che è giusto e non farlo è la peggior vigliaccheria (Confucio V sec. a.C.)

Operare su ciò che è stato corrotto

Prepotenti e antichi mestieri

"La perversione dell'animale che non si è evoluto, in questa specie dà il peggio di sé". Il credere di potere prevaricare un altro individuo come se fosse un loro diritto, di decidere per gli altri, di guadagnare sulla droga che ammazza i giovani fragili e li porta all'inferno in terra. Quanta sindrome da ce l'ho piccolo si ripone in tali soggetti? Facile sparare a qualcuno alle spalle, mettere a tacere perché si è troppo merda per ascoltare, per affrontare una pari discussione con uno che non gli dà retta? Non ce la fanno. Certo che in gruppo sono forti, magari a casa sua manco gli tira e le loro mogli se la fa con tre dei loro compari.

Sono proprio meglio di noi! La prepotenza è il più gran segno di nullità della persona. E non sono infatti in grado di sostenere una discussione perché sono abituati a ripetere ciò che pensa qualcun altro, tipo le pecorelle che seguono, un loro pensiero non ce lo hanno. Sono degli schiavi, e invidiosi di chi ha la libertà di avere un pensiero proprio, e lo urla in faccia a chiunque, a loro in una situazione del genere gli seccano come minimo la famiglia!

Che hanno messo a rischio perché sono merde, idioti. Non hanno certo gli attributi per avere un pensiero loro! E ancora credono che il loro fucile li trasformi in persone più forti! Gli schiavi non sono mai forti, i liberi sono forti! I nostri faccendieri dello stato sono ancora più vigliacchi di voi, con il bigottismo del sostenere i femminicidi, i bambini addirittura del terzo mondo, per fare facciata, fanno veramente schifo! Danno giudizi in base a cagate degli ignoranti telecomandati burattini come loro, li hanno tenuti ignoranti affinché potessero dare retta per sempre, e così è andata!

Desidero urlare a codesti idioti: "Arriverà anche per voi, siete stati così incapaci di condurre la vita ed avete creato problemi e disagi nella vita non solo al popolo, ma all'umanità intera, credo veramente che Dio vi saprà trattare, quando andrete là, senza ciò che avete sequestrato indegnamente alla gente, solo con le vostre azioni ci andrete, e vi tornerà indietro ogni cattiveria fatta al prossimo. Anche se siete tutti bigotti che dopo avere spacciato, ammazzato e rubato, alla domenica andate in chiesa, con il vestito della Domenica. Al vostro posto c'è veramente da avere paura di morire, vi aspetta sicuramente ciò che siete riusciti a meritarvi, poi vedete che di superiore ci avete il buco del Q perché se ne farà addosso sicuramente più degli altri, cagoni!

Operare su ciò che è stato corrotto

Carcere

"Perché sei carcere? Hai rubato una merendina a scuola? Allora: siamo pieni di difficoltà e spesso anche chi non ruba le merendine, ha problemi molto seri, tu per motivi che non sono il massimo, sei in carcere. Ma che cazzo vuoi? Mangi, fumi, bevi, guardi la TV e dormi. Io se provassi a vivere come te sarei sotto un ponte, tu se provassi a vivere come me, non saresti in carcere. È giusto che tu soffra, perché sicuramente hai causato sofferenza ad altri, per il perdono mi dicono che ci sia un tale Dio. Io non sono Dio e non ne ho la capacità, se non di augurarti di provare un tale disagio da cercare che non ti ricapiti mai più. Chi fa i comunicati ufficiali di perdono è bugiardo, o si sente di essere Dio! E se ci sei perché hai ammazzato qualcuno, come osi lamentarti della tua vita?

Tu che l'hai tolta a qualcuno come se potessi farlo, devi schiattare! Anche se hai tentato di uccidere e per fatalità la gente si è salvata, isolamento e carcere a vita! Quindi permettimi, con i problemi che ha la gente che lavora, la gente che non ha una buona salute pur vivendo in modo esemplare senza vizi, i nostri anziani, le P. IVA, i professori che non hanno ruolo, gli operai in cassa integrazione, le parrucchiere, le estetiste, i calzolai, i baristi, gli enotecari e i ristoratori, non mi sento proprio di potere avere un problema perché tu dopo le tue azioni malvagie, hai un letto scomodo o dormite in quattro, o il menù non è di tuo gradimento, non me ne frega un cazzo! Sei in un posto che si chiama carcere, dove si va dopo avere commesso un reato! Te lo ha ordinato il medico di fare subire ad un altro il tuo reato?

Anche se fosse, sei in carcere per ciò che hai malvagiamente e disonestamente combinato agli altri! Non hai certo diritto di lamentarti di un cazzo, hai già fatto danni, non rompere i coglioni e cerca di non tornarci più, può darsi anche che ti si inculino, e tu agli altri cosa gli hai fatto per finire in carcere? Vedi di usare i momenti bui per immaginare cosa hai creato agli altri con l'azione che ti ha portato in carcere. Ci devi rimanere a vita visto che hai pure gli "ultras tuoi" che vanno in giro a rompere i coglioni a chi lavora, dovreste stare li tutti insieme. Se fosse per me, saresti a pane acqua, il pane secco! Aria condizionata no di certo e riscaldamento a 15 gradi. Se poi decidi di intraprendere una severa dieta perché sei ciccione, secondo me visto che non hai un Czz da fare fai bene, e se schiatti non mi riguarda, se è una scelta tua è l'unica cosa di te che ho intenzione di rispettare!

Se sei stato libero di commettere le azioni che hai commesso per finire li dentro, qualsiasi cosa tu faccia contro te stesso non riguarda nessun altro al di fuori di te. E' chiaro che chiunque tu sia se sei pericoloso, per fortuna c'è il 41 bis, che ti isola con le tue merdate e non dovresti avere accesso a nessun tipo di comunicazione. Se stai male perché ti ammali ti si cura, se stai male perché vuoi stare male dovresti essere lasciato anche crepare, pare sia quello che vuoi e ti ricordo che agli innocenti hai già rotto le palle a sufficienza. Non abbiamo risorse per chi le merita, potremmo usarle per te? I tuoi fans ignoranti che non sanno nemmeno cosa dicono, oltre a dimostrare che la vostra ignoranza è seriamente pericolosa e contagiosa, dovrebbero avere lo stesso identico trattamento per il pericolo del loro alto livello di idiozia!"

Nota: Cancellazione del beneficio carcerario per il quale un collaboratore di giustizia deve dichiarare tutti i suoi beni e scoprire tutti quelli che non sono stati trovati, mentre un individuo che rifiuta di collaborare con la giustizia può tacere e tenersi tutti i suoi beni tranquillamente e i cazzi suoi. Pare proprio che non convenga questa collaborazione ! Stato: "sveglia!"

CAPITOLO V
Operare su ciò che è stato corrotto
Come siamo, come sono alcuni. La sindrome da c'è l'ho piccolo

Il tutto parte da un animo vile: vigliacconi seriale. Mentre l'uomo perde il potere, la donna sale di imprenditorialità. Dedicato a tutti quegli uomini che credono basti un ruolo per comandare le altre persone e davanti alle donne migliori di loro vanno in bestia. Se ci guadiamo indietro, sin alla storia di cui abbiamo traccia, i compiti fra uomo e donna hanno un uguale cadenza: lei accudisce casa e figli, lui porta a casa il pane. Nell'evoluzione femminile dei secoli, la cadenza rimane la stessa con l'appesantimento del lavoro e mille responsabilità dei ruoli che ci siamo scelte, una volta compreso che lo possiamo fare, nonostante in ogni cultura rimanga la pecca della prima educazione femminile al servizio della casa in sottomissione e anche al servizio dell'uomo, poi ci lamentiamo.

Ciò non toglie, anzi sottolinea le particolari doti femminili: nelle abitazioni, ciò che è di buon gusto, spesso si chiama "tocco femminile", i vestiti che "profumano di mamma", il cibo di casa ecc. Il veloce cambiamento delle tendenze e delle abitudini, spesso ha creato un muro umano che chiamano per difenderlo "cultura "e che di colto non ha proprio nulla, parlo di schiavitù femminile, arrivando all'infibulazione e la faccenda del velo, e dell'uomo che ti vuole governante della casa e schiava, la quale trasgressione ha portato la morte alle donne che si sono sentite di rivoltarsi, che sia un velo o un'altra prepotenza maschile il senso rimane lo stesso.

Io ti domino! "ti piacerebbe. INQDS".

L'Iraq, non è certo un Paese deculturalizzato, eppure pare che la sindrome da ce l'ho piccolo sia come un tumore aggressivo che cresce a dismisura, governo e militari i primi della sindrome che probabilmente hanno capito che le loro donne sono di razza superiore assai, e loro uomini se la fanno sotto. Quindi usano il potere, la repressione per quel velo di mrd e mille altre ingiustizie nei confronti delle loro donne, le quali, al contrario di ciò che loro avrebbero il coraggio di fare, sti cagasotto dalla parte del potere, si ribellano al costo della vita! Poi spesso si sente parlare di de-culturizzazione dei paesi più poveri, allora il nostro, che da fuori pare il Paese della cuccagna?

Il tasso femminicidi è vergognoso e atroce.

Le donne hanno accolto gli uomini nei loro mestieri con molta più serenità di quanto mai avverrà in situazione contraria, parlo certamente di una serie di mestieri dove siamo entrambi adatti, senza escludere il fatto che siamo biologicamente diversi, con ormoni diversi, fibre muscolari diverse, conseguenze sul tempo diverse e anche forze diverse.

Gli uomini non ti accolgono con piacere nei loro mestieri, ti temono e ti controllano: sindrome da ce l'ho piccolo! Il potere di fare più cose contemporaneamente, è decisamente femminile, usato tanto per sfotterli ed effettivamente a volte fanno pena o tenerezza, ahimè, la differenza è biologica. Semplicemente le donne hanno la connessione degli emisferi celebrali e gli uomini li utilizzano separatamente. Non sarà come portare su una trave 100 secchi di cemento, tuttavia ha il suo fascino. Come trovo estremamente fascinoso, lei che si occupa di casa figli e lavoro, lui che le chiede: dove sono i calzini? Se c'è una casa sporca la donna è una sozzona, se la stessa casa sporca è di un uomo è un poverino!

Allora vedi che lo sanno tutti che non ce la fa? E sti cz?. Eppure "egli" pare sia quello che porta il potere, con lo stipendio più alto e pure il tono di voce, spesso. E quelli che dicono di sapere stirare? Ho visto cose, eppure c'è una tecnica, si fa così! Senza meno, non facciamo di tutta l'erba un fascio, ci sono milioni di eccezioni che io non conosco ma spero tu sì, o tu uomo lo sia! Dalle mansioni in grado di svolgere, tuttavia la donna pare proprio la parte più intelligente della coppia, a parte le solite eccezioni, qualcuna delle quali conosco.

Come definizione di intelligenza ricordiamo, capacità di adattamento alle curve di qualsiasi genere della vita, e gli uomini si sa, sono frignoni, cacasotto, due palle che mai, sempre eccetto quei qualche. Ed è qui la traccia della maledetta sindrome da ce l'ho piccolo: Il confronto! Le donne si sono più o meno liberate dalla schiavitù, di secoli di culture indecenti, dove sono sempre state la roccaforte di ogni famiglia, anche se davano il merito all'uomo, per compiacerlo consapevolmente, e queste sono grandi capacità.

Oggi entro in azienda per una carriera come lui, e giro per strada per milioni di km come lui, faccio il barman come lui, anche se, l'agenda delle mignotte e trans la tengono solo i barman uomini, ho obiettivi come lui, non lo stipendio come lui, ma il vaff 'Q facile utile e senza meno liberatorio, che comunque, ameno che non si droghi od ubriachi, lui non ha! Eh già, lui si lamenta al bar con gli amici e aumenta il marrone poi nella sua lingua davanti agli interessati. L'uomo mediamente si comporta così. Lui o lei, ad armi pari ognuno esprime sé stesso, le donne gli danno due giri a qualsiasi uomo se non si impegnano, e spesso sono incontestabili. Faccio tutto impeccabilmente e se

Il maestro, dopo il racconto sulla mia teoria delle sindrome da c'è l'ho piccolo, mi regalò questo su disegno, ridendo e incoraggiandomi alla divulgazione

per sbaglio gli passo davanti, si salvi chi può, allora offro aiuto, freno per non offendere la sensibilità un po' carognona maschile, se si è accorto nulla sarà più sanabile, guardarmi le spalle dalla mattina alla sera, sarà d'obbligo.

Nel caso lavorativo, gli uomini, si uniscono e ti fanno fuori, se ci riescono, nel caso di rapporti personali il delirio più totale, fino a ciò che sappiamo fin troppo bene, possesso, persecuzione, morte di lei. Mio padre, mi mise in guardia sul maschilismo, era la sua cultura iniziale, poi fece due figlie femmine e imparò esattamente il contrario, per lui fu una bella sfida. Una delle sue frasi nelle mie fondamenta, della quale oggi capisco ancor più il significato era: "tu devi sapere chi sei, non arriva uno stronzo e te lo dice" grazie babbo! E dietro lei, la mamma: "puntare, mirare e fuoco!" grazie mamma! La pecca scatta quando qualcuno con complessi di inferiorità, con una rivalsa che non riguarda gli altri, sfoggia l'unico potere che ha per nuocere agli altri. Nel caso dell'uomo si parla di forza fisica e violenza.

Nel caso del multatore seriale represso, multa e taci se no peggioro la tua vita. Nel caso di imbroglio, qualcuno invidia il tuo buon senso e la tua bontà d'animo e ti fa un dispetto perché hai qualcosa che lui/lei non sa neanche da dove si passa. Quando aiuti colui/lei che ti pugnala alle spalle, tu ti rialzi perché sei capace, lui/ lei rimane un idiota con il Q per terra. E la stessa sindrome da c'è l'ho piccolo. Nel lavoro un vero dramma, quanto gli tira il Q ad essere superati da una donna, devo coniare parole nuove per dargli la dimensione! Sono seccature sempre molto sgradevoli, tu che parli direttamente in faccia di ciò che non ti va bene e loro uomini che si chiamano e bisbigliano per capire come possono nuocerti, quattro contro una, schiacciante sindrome da ce l'ho piccolo!! E se devono essere in quattro contro una, il peso è già facile da capire, in quattro di loro non si fa una di te! Si chiama sindrome da c'è l'ho piccolo, poi se anche ce l'ha piccolo c'è da ammazzarsi dal ridere, non voglio cadere nella sconcezza, tuttavia, si diceva "non importa che macchina hai ma come la guidi, puoi anche avere una Ferrari, poi magari la guidi come una 500, se hai una 500 e la guidi come una Ferrari va già meglio".

Abbiamo seriamente constatato che indipendentemente dalle misure, tale sindrome colpisce l'uomo in gran parte. Volevamo la parità noi? Oggi l'uomo è in lista dall'estetista più di noi, si fa le unghie, si disegna barba e capelli e sull'abbigliamento ci può disarmare, anche se, era altro che doveva copiare. Torniamo a qualcosa che spinge sulla sindrome: l'egocentrismo maschile, questa morbosa competizione che ho visto spingere di nascosto in accoppiata di maschietti contro una donna, più volte, sputtanando aziende e mestieri e sicuramente prima di tutto loro stessi in maniera irreversibile. Poi usano la forza del potere, tipo che tu hai ragione e loro torto ma ti spiegano che diventa il contrario perché loro poverini si sono uniti nelle loro mancanze sono comunque un gruppo di menomati e tu sola non ci puoi fare nulla, così credono.

Da morire dal ridere, può capitare che invece, come capita a livello naturale, agli idioti, la giustizia naturale gliela faccia pagare salata, uno in fila all'altro come il trenino dell'inculo!

CARE CONFIGHE, non se lo aspettano mai che tu regga e che gli faccia il Q. Procedi inesauribile per la tua strada e segui cosa è giusto, quando si è dalla parte del giusto non si deve esitare mai. Quel tipo di individuo, appena insorgi, ti garantisco che è talmente vile che scappa con la sua piccola coda tra le gambe. Appena comprende che non lo temi si imbizzarrisce e scappa. La Mantide Religiosa credo sia il più bell'esempio di comprensione di universo maschile! L'uomo è in competizione con la donna, ora che siamo in corsa anche noi, e diviene veramente fatiscente e ridicolo, in realtà ha sempre creduto che le donne per arrivare dove vogliono aprissero le gambe, e già qui riveliamo la potenzialità di quei cervelli da ometti di mrd: " prima ti bevo poi ti piscio!" Ho un esempio tratto da una storia vera: nell'azienda "xx", in un gruppo di ragazzi/e, il capo aveva preso di mira una ragazza, e faceva di tutto per sminuirla davanti agli altri. Lei sapeva cose che non doveva sapere e non accettava. Erano tutti un po' preoccupati, in quanto il capo ci andava pesante, a un certo punto, e anche per questioni lavorative, ogni tanto c'era da fare domande al capo.

La ragazza, diciamo, che scriveva bene e secondo i crismi delle email aziendale al contrario di qualche collega, che ogni volta che doveva scrivere al capo chiamava la ragazza e si faceva scrivere da lei la mail, copia e incolla e inviava la mail. In diverse riunioni il capo disdegnò qualche mail della ragazza, per offenderla con critiche di ogni sorta e in più di un occasione fece il paragone con la email scritta dalla collega, ovviamente non sapendo che anche essa era stata scritta dalla ragazza. Era diventata la barzelletta fra colleghi e la dimostrazione della slealtà dell'uomo. Il cadavere del nemico che passa sul fiume rispetto a quelle affermazioni, non era nulla, giusto che ogni tanto qualcuno scoppiava a ridere e l'orco diventava sempre più pericoloso nella sua ignoranza, di fesso convinto del suo potere. Grande davvero è il potere della sindrome da ce l'ho piccolo! Un boomerang che spesso gli si incula, e se ce l'ha piccolo a questo punto è una fortuna! Poi nella parità c'è scappata qualche donna che secondo me ha frainteso.

Sarà che il puttano ha seguito la storia dell'evoluzione, ah beh si chiama gigolò. Ognuno con il suo, è libero di fare ciò che vuole, per carità, anche io di esprimere le mie perplessità "personali". Eravamo "le donne" non possiamo copiare le sgradevoli cose maschili, non serve! Non siamo di natura fredde come un uomo, e a nessuna fa piacere vedere le questioni sulle statali varie, oggi addirittura che sono tutte schiave.

Se continuiamo a gradire, chissà che non portino anche uomini con in ostaggio 5 figli come diverse donne che conosco, che per non pensare si fanno il primo whisky alle 7 del mattino. Poi andremmo in contro alla sindrome da ce l'ho piccolo o piccola: che disastro! Forse è ora di abbandonare la richiesta di parità, ed abbandonarli alla loro inferiorità. Quanto è orribile una donna che si atteggia a scimmiottare il comportamento maschile, copiare cosa, le bestemmie e la camminata ondeggiante di spalle? Scoreggia e rutto libero? La forza è sempre stata donna, e non ha bisogno di sollevare 100kg, la vera forza è dentro il corpo e non fuori, totalmente femminile! La bellezza originariamente era proprio la differenza, disegnata come un puzzle, non in quel senso! Parlo di caratteristiche oltre che fisiche caratteriali, complicità. Si, a loro uomini andava bene fino a che era lecito credere che non eravamo in grado di fare nulla, così parevamo "mantenute" come se a tenere la casa pulita e cucinare fosse un lavoro da privilegiate, e di sua proprietà. Passate per "non fa un cazzo dalla mattina alla sera" milioni di volte, tradite come se fosse lecito e parte della nostra cultura, donna l'oggettino fisso di casa.

Quanti ne conosco di maschietti che hanno due, tre, vite parallele, a insaputa della casalinga, che comunque portano fuori il Sabato sera, così riescono anche solo temporaneamente a trovare una folle stabilità da equilibristi di menzogne, e si sentono per un po' veri eroi. Poi sono gelosi, l'uomo per indole è insicuro, se e quando lo mettiamo davanti alla realtà, di avere nostre relazioni interpersonali, di lavoro o cose che non lo coinvolgono direttamente, accendiamo il vespaio. E qui di nuovo ci siamo, la maggioranza degli uomini gelosi, sono infedeli seriali, da qui: chi la fa l'aspetti! Invidiosi, insicuri, viziosi, traditori delle loro donne come di se stessi, senza principi di alcun genere, solo chiacchiere e bugie. Pochi uomini sono fieri di avere una donna in gamba ed autonoma di fianco, e a quei pochi, portategli un fiore ogni tanto!

Art. 37. La donna lavoratrice ha gli stessi diritti e, a parità` di lavoro, le stesse retribuzioni che spettano al lavoratore [31 ]. Le condizioni di lavoro devono consentire l'adempimento della sua essenziale funzione familiare e assicurare alla madre e al bambino una speciale adeguata protezione. La legge stabilisce il limite minimo di eta` per il lavoro salariato.

La Repubblica tutela il lavoro dei minori con speciali norme e garantisce ad essi, a parità` di lavoro, il diritto alla parità` di retribuzione. Che menzogna!

Operare su ciò che è stato corrotto

Le paperine

A proposito di spropositi, degenerante totale l'utilizzo di punture sostanze tossiche che portano oltre ai possibili problemi fisici, a una dipendenza da sé stessi in una versione surreale, che un po' ricorda i tempi del comandante Koenig, quando il 2000 era lontano.

Ste' vecchie, anche più giovani di me, con le labbra da paperino, neanche una ruga, ma gonfiotte come palloncini con lineamenti degenerati e assurdi nonché senza alcuna armonia, czz non hai mai riso? Le guance gonfie di zigomi, extention e unghie finte, trucchi che manco sulla statale, tette culi ed addominali finti, corpi con €. 100.000 di manutenzione, e, diceva la mia mamma quando sprecavo qualcosa: "ci sono i bambini che muoiono di fame" .

Poi vogliamo fare la rivoluzione al femminile, quando al femminile diamo il profilo delle paperine, siamo peggio conciate dei soldati che andarono in Russia con le scarpe di cartone! "Per piacere a qualcuno tu credi di doverti ridurre in quella maniera?" E chi sarebbe costui? Un genio immagino, o vuoi dirmi che lo fai per piacere a te stessa? Anima zero eh? Ideali? Cosa sai fare bene? No, non mi riferivo a quello, per riprenderselo fra quei due canotti cosa usano, l'avvocato? Come ti senti quando ti svernici? E quando ti ricomponi veramente ti senti una gran figa? Il desiderio di farti valere per ciò che in realtà sei ti ha mai sfiorato? Se ti chiedo: chi sei? vai in merda o ti viene una risposta da dare.

E la raccolta differenziata? Tu che non sei ne smaltibile ne riciclabile, la fai?" Questa è la situazione dove la sindrome da ce l'ho piccolo si incontra con la competizione femminile e

ci si incula da sole! "Il cervello, il carattere, l'idealismo della tua persona, i sogni della vita, non so proprio dove prendere per agganciare la persona che è sotto il mastice che ti sei messa addosso." Tutto quello che le donne hanno costruito in termini di libertà, parità, individualismo e diritti, va a farsi fottere davanti alle paperine "E a me personalmente urta esserti donna di fianco, non puoi essere parte né delle mie battaglie né delle mie vittorie, sei vile e diseducativa per le generazioni future, bisogna essere fieri di se stessi anche durante la magica metamorfosi del tempo dove puoi solo raccogliere ciò che hai seminato! Non puoi invecchiare senza passare dal crescere!" E tutto questo oggi è la normalità, rimaniamo comunque insicuri e ci facciamo di tutto, psicofarmaci come caramelle, ci tradiamo, e imbrogliamo come non ci fosse un domani, rubiamo qualsiasi cosa per sentirci più forti di qualcuno e addirittura crediamo che la fisicità ti faccia essere una persona importante, anche

se dentro quella scatola tirata a lustro c'è meno delle feci del tuo cane.

Questa sarebbe una falla da sanare, sarà possibile se regalate le tette finte per i 18 anni alle vostre figlie? E gli insegnate che poi, con una bella quarta così, battono la concorrenza. Ma vi siete domandati, in quella concorrenza chi czz si portano a casa?! La bellezza femminile non ha nulla a che vedere con questo, care paperine. Casomai è fatta di un naso storto, uno strabismo di Venere, un labbro sottile che quando ridi mostra i denti, una piccola tetta, un fianco morbido e altri piccoli fascini dati in dotazione alla nascita, è carattere, qualcosa che non puoi dimenticare, il resto ce lo abbiamo tutte uguale, di traverso neanche tu. Non è solo il cambiamento del clima il problema, la degenerazione di molti "dettagli" porterà al baratro l'umanità, e pare che non siamo lontani.

Pensa a quando sono iniziate le lotte femminili per l'autonomia, per votare, per le cariche di stato, per il lavoro. Ci sono volute centinaia di anni per ritrovarsi in età adulta e pensionabile, davanti allo specchio come adolescenti, ad avere un unico scopo nella vita: "specchio del reame, chi è la più bella paperina del reame?" Di profilo siete tutte uguali!

Vi credete donne, che arrivate al culmine della scemenza verso gli anta e vi pagate i maschietti giovani, che potrebbero essere i vostri figli! Lo sdegno femminile, la vergogna per i vostri figli e l'umiliazione delle lotte femminili. Ma guarda come ti sei conciata.. Sicuro che da chi vai tu io non andrei nemmeno se fosse l'unico rimasto al mondo.

Il reparto "mastici e affini" sarà sostituito da insegnamenti religiosi, tutte le religioni esistenti nella storia dell'uomo. Chiaramente la paperina dovrà lavorare per accedervi, e comprendere un senso della vita più reale ed evoluto. Diversamente sarà scambiata con le donne irachene, nella proporzione 10 a 1, tale è il valore delle signore irachene che si battono per cose importanti a rischio della loro pelle.

Operare su ciò che è stato corrotto

Le amanti degli uomini sposati

Una volta nella vita, pare, capiti a parecchie donne questo incidente, dove quella piccola malattia, competizione femminile, dà il peggio di sé. A meno che non capiti a molte tue amiche, e nel consolarle, puoi capire senza passarci dove è l'inculata. L'altra -povera, che inculata che ha preso, lui le racconta un sacco di balle ed esce e tromba con un'altra, tu. Se un domani tu diventassi l'altra, farebbe lo stesso, con te. Non dico che obbligatoriamente il successo sia famiglia e figli, anche se, considerando che i gay si stanno battendo per avere figli in quanto a livello naturale non gli è possibile, possiamo dire che l'indirizzo con il quale frequentiamo qualcuno è quello per cultura, indipendentemente da orientamento sessuale e razza, è quello. Quanti errori prima di arrivare a credere in una persona per potere procedere, ed è sempre più difficile, fidarsi e procedere, anche se c'è il divorzio. Il traditore, ha già una famiglia che tradirà per sempre con chiunque per il suo sollazzo sia disposta a giocare in serie B. E oggi, sei tu. Quello che dovresti capire, è che si tratta di una categoria con un identico "modus operandi", non è una storia né particolare né tanto meno complicata, rimane il tuo grande problema che sei disposta a giocare in serie B. Un uomo coerente, se si trova male con qualcuno interrompe il rapporto e, come si dice, dopo sofferenza e riflessione, casomai si rimette in piazza, come faresti tu! Non esiste, e lo sai, che una persona cambi, come non cambi tu! Prima era buono e oggi non gli si può dir niente? Era già così, ma ha recitato una parte, e tu te ne accorgi solo oggi, e che non è cambiato ed era già cosi, ficcatelo in testa! Fa il cattivo ma dentro è molto sensibile = è un coglione insicuro e cattivo, nessuno si presenta per conquistarti di proposito peggio di quello che è, ti immagini un bel vasetto di marmellata con scritto "merda" sull'etichetta? Come le paperine? O casomai se proprio non è eccezionale, mettiamo un bel vaso e un macho strafigo sull'etichetta? Come le paperine! Il punto è che dedichi un tempo sterile ad una persona che preghiamo sempre, non lasci chi ha per stare con te, che se non c'eri, c'era un altra, che quando non ci sarai, ci sarà un altra. Nota: Ogni cosa ha la sua bellezza ma non tutti la vedono (Confucio V sec. a.C.)

A volte le donne si stancano di fare finta di niente e li lasciano. Loro, spesso gli smidollati raccontano il contrario. Una persona è come è, nessuna donna ambisce a fare il bucato e da mangiare a un traditore, non farlo tu, non regalare il tuo tempo che è la cosa più preziosa che hai. Chi tradisce è traditore, chi è traditore tradisce chiunque.

Sono tutti uguali non c'è l'eccezione! E la cosa più terribile è il fatto di doverti nascondere, tu? Se stai con uno che fa le cose di nascosto, tu ti devi nascondere, è in linea con i principi della tua vita? Nascondersi è una cosa che non esiste, una merda si nasconde, tu sei solo oca, non diventare una merda!

L'hai mai detto a un uomo. Frasi a effetto

- Piuttosto la striscio su un campo di ortiche?

- Inculati da solo?

- Metti due bistecche in mezzo al termosifone che per te è uguale?

- Il polmone non lo do neanche al cane?

- Stai confondendomi con tua mamma?

Hai portato il salame a casa e lo vuoi mettere per forza nella credenza?

- In ginocchio davanti a un uomo sì, non certo per pregare!

- Vai via che mi si secca?

- Prima di bevo poi ti piscio?

- Sta gnariv dal davanti, sa vut fé da dri?

- Sei pesante come la terza palla del cz?

Non sono tutte mie, così giusto per saperlo.

Operare su ciò che è stato corrotto
E adesso la pubblicità

Che meraviglia fu il carosello, era un evento quotidiano, non certo la pubblicità disturbatrice di oggi, anche se ci misura il tempo del cambiamento. La pubblicità è seguita da studi importanti che puntano alla fascia di eta, tipo di problema e tipo di risultato che si vuole ottenere. Quindi un po ci dice come siamo diventati e cosa siamo pronti ad accogliere.

Un messaggio della pubblicità attuale è che puoi mangiare la specialità della mamma che non digerisci da vent'anni e che ti causa bruciore e acidità di stomaco: mangi, stai male e poi prendi una pasticca che sgorga il tutto! W la salute! La donna effervescente che ha messo la supposta effervescente, rimane un capolavoro! Anche se al n 1 indiscusso credo sia rimasta l'auto che si gonfia in quanto le è caduta nel serbatoio una pasticca azzurra scivolata ad un anziano alla finestra. A seconda dei costi, sulle auto abbiamo indirizzato il colpo per età degli eventuali acquirenti, con panorami adeguati all'età che si vuole colpire.

La rata, dove c'una rata, e in piccolissimo per pochi secondi, l'anticipo e la rata finale, e noi che vogliamo proprio sentirci come il tizio che guida la tale automobile! L'enfasi delle feste con panettoni prima, e colombe poi, a manifestare la serenità e fastosità della famiglia, cioccolatini anche per sigle, e associati a un fascino proibito, che spesso viene associato alle cose dolci. Le uova delle galline tutte sane e tutte all'aperto, ridono e scherzano, assolutamente prive di ogni legame con il proprio uovo! Le mucche addirittura con nome e cognome e a buon uso si coinvolgono i bambini ai quali si suggeriscono tormentoni per intenerire i genitori. Ricordo una strepitosa pubblicità di Italia '90, riguardo un acqua tonica delle più famose tuttora, in stile Brasile che su di me ebbe un effetto grandioso ai fini commerciali e anche sul mio stomaco. Sui cibi congelati il tutto e di più: donna, non sei una sfigata perché non cucini ai tuoi cari come faceva la tua mamma, se ti azzardi forse non mangia più nessuno!

E Carletto che non è ancora andato in pensione? Quelli che fanno ragù brodo cappelletti pasta a mano, come la fai tu a casa ma più in grande! O vorresti addirittura servirti di basilico pinoli parmigiano e olio di olive super dei tre metri a destra sopra la collina in fondo a sinistra dove ci sono anche due gradini e un albero di ulivo millenario per dargli un tono particolare, e il pesto alla genovese lo vuoi fare tu? Anche il capitano non è andato ancora in pensione, il problema di certe cose è ciò che ci mettono in testa che risultino e poi il nostro risultato finale, che spesso non è proprio uguale ma va bene lo stesso, se i tuoi commensali non ti offendono.

La casa degli italiani, quella vera che è fatta di spaghetti una merendina, biscotti e pani a lunga conservazione. Ma poi arriva un attore più bello o più simpatico e ci porta le concorrenza, e tu che fai? Ad esempio sul tonno in questi ultimi anni ci hanno dato dei veri grattacapi ehh? Sui detersivi non si sa più dove prendere, l'ambiente o il carisma di un attore e di un marchio conosciuto? Un altra caruccia è quella degli assorbenti femminili, anche se le donne a sedere nel cesso non è proprio un bel vedere, la conchiglia se non altro è bellissima ed hanno risparmiato di metterci una cozza! La carta igienica più lunga del mondo è poco attinente ma simpatica, poi, dipende quanti siete in famiglia al kg, quella soffice fa anche ridere per ciò che non è ovviamente espresso. Milioni di amari, di cui parecchi della storia, con tentativo di tormentone come se il gusto non contasse, spesso ci sono "amari"con quantitativi di zucchero pari a un dessert, siamo diventati ignoranti e inciuciabili ai massimi livelli.

E ci sono poi, due dei più storici della stessa famiglia, veri amari, senza tormentone perché il proprietario sa cosa vende e non vuole partecipare a quel livello, un vero signore. Per concludere, fra i numeri uno in assoluto: Rocco Siffredi che fa la pubblicità delle patatine con la battuta finale sulla sua competenza di patatine, da morire dal ridere, quindi la mia personale promozione e sulle attuali, riguarda solo Elio, che qualsiasi cosa fa è irresistibile e con il "tasso" ha riconfermato anche il suo valore in euro.

Tutto questo per mostrare come ci studiano, e come siamo diventati facile da studiare!

Operare su ciò che è stato corrotto

Gli scambisti

Diversi anni fa, la prima volta che mi imbattei in questo discorso, presi a parole un tizio, che a suo modo, e a mio avviso, aveva tentato un approccio, molto più che sconveniente nei miei confronti. Passano gli anni e per motivi di lavoro mi trovo una volta a settimana a lavorare, come barman, in mezzo a un meraviglioso e vasto gruppo di persone le quali si appellano con questo titolo: "gli scambisti." Faccio da bere e guardo basso, anche se non è da me. Infatti poi prendo confidenza e faccio amicizia, gente simpaticissima, solare e che in men che non si dica affondano totalmente i miei principi professionali sul servizio a lui e lei, in quanto al bar, ho sempre detto e insegnato, che la "figa" la deve fare la cliente, il bar è sempre ibrido e asessuato! Per rispetto e per non creare sciocche gelosie, per le quali noi donne siamo portatissime.

A me viene tutto molto spontaneo e non temo nulla in tanti anni ne ho viste di ogni. Così credevo. Una sera arriva una delle ragazze più simpatiche e con il marito ed un altro ragazzo, gli faccio da bere e mentre lei dice: lui è il mio fidanzato (sx) e lui è mio marito (dx), si chiamano uguali! Io le rispondo: chiamali per cognome! Ridendo e scherzando viene fuori la filosofia della situazione: Cosa fanno le persone "normali"? Si tradiscono di nascosto, raccontando mille menzogne e cose varie, se poi uno scopre il tradimento dell'altro si arriva facilmente a botte e addirittura omicidio!

Aggiunse un mio cliente, che rivelandomi la sua appartenenza a quello stile di vita, mi raccontò di un discorso con sua moglie: "40 anni sono lunghi! È impossibile che non succeda mai nulla, una sbandata che si consumi, inoltre ravviva il rapporto con la moglie/marito" Il diversivo è consenziente e consapevole, anzi mi disse la ragazza: non è che perché c'è lui, mio marito dorme da solo questa notte, dormiamo tutti e tre insieme!

Entrambi i miei narratori non avevano dubbio alcuno sul con chi trascorrere fino all'ultimo dei propri giorni, pur provando magie varie in compagnia di altri, senza nascondersi nulla! Addirittura lei mi mostrò con gli occhi a cuore, il braccialetto che le aveva regalato il fidanzato in presenza del marito che commentava piacevolmente.

Nessuna gelosia, ritorsione, sindrome da ce l'ho piccolo. Mi sono sentita per una volta nella vita un'inetta e bigotta, che pur comprendendo la meraviglia della cosa... In quanto vittima di stereotipi surreali. Questa è gente grande, qui non ci sono femminicidi qualsiasi cosa la donna faccia, qui non c'è che verità, ed il rispetto per tutti di accettarla! Se fossimo tutti capaci di questo tanto male sparirebbe all'istante! Non è un invito ad altroché di riflettere prima di giudicare e considerare il risultato finale.

Capitolo VI

Operare su ciò che è stato corrotto

Ambita evoluzione, senso civico con la nostra storia

Magari! Rileggendo ed ascoltando la politica dal dopo guerra, intrecciata alla grande illusione che si è offerta al popolo, l'affascinante storia del dopoguerra, quando i braccianti agricoli, spesso unica opportunità, si inserirono nell'innovazione industriale, e la gioia di portare a casa uno stipendio, di potere fare progetti, fu un momento di eccezionale ottimismo, era tutto sul nascere, enormi opportunità di cambiamento per chiunque avesse voluto.

Le mille magliaie, fra le quali mia madre, delle quali, in molte trasformarono a breve il lavoretto a casa in industria e tutto filava liscio. Molti imprenditori avevano la terza elementare, i più fortunati, spesso maschi, la quinta.

Mia mamma, in seguito, con la terza elementare insegnava il lavoro alla sua ragioniera, e mio babbo con la quinta, oltre essere responsabile al suo secondo lavoro, di macchine improponibili e pericolose se usate in malo modo, autore di relazioni tecniche che metterebbero in difficoltà un laureato, fino agli anni 70 vendeva le piante di produzione propria agli olandesi, che oggi, e già dagli anni 90, sono i massimi importatori del settore.

Ricordo una cosa che da grande mi fa capire la grandezza dei miei: a Natale e Pasqua, regalavano i dolci "Zuccotto" e "Tronchetto" ai loro operai, fatti fare alla pasticceria migliore della città, uno era per noi, quello che rimaneva, perché li facevano scegliere, a me piacevano entrambi. C'erano acqua e le bibite in una cantina fresca, per gli operai, dove attingevo con mio cugino per poi, la gara di rutti, ed ero già andata a scuola più di loro, che non avrebbero certo fatto una cosa del genere. E vivevamo la loro rivalsa della vita, la loro gioia e gratitudine quotidiana, quando ci raccontavano i loro inizi. Poi nel frattempo, dall'altra parte la politica, che ancora spero non sia quella che so, che ho letto davvero, anche se siamo sempre l'esito del nostro passato, una vera sudicia schifezza. Dalla nascita della repubblica nel 1946, alle interferenze dell'America che per timore del comunismo si insediò in Italia, anzi gli americani rimasero in Italia come i conquistatori e non come i liberatori, e con un veloce studio, usò mafie e DC per influenzare le decisioni del governo italiano.

A fianco alla Mafia, servizi segreti, e alla DC la P2, della quale a oggi si sa abbastanza e per comprenderne la potenza, senza via di scampo per nessuno. Ricordo inoltre, che l'America all'epoca faceva la guerra alla gente di colore! per dire l'affidabilità dei soggetti. Esponenti importanti della P2 dei quali sono stati pubblicati i nomi, sono ancora in mezzo a noi, quando hai un peso puoi fare quello che ti pare senza pagare il biglietto, infatti, tutti assolti!

Lo stesso Andreotti non fu accusato perché processato quando erano trascorsi i termini. Mentre lo stesso mio padre, per una truffa di costruzione agricola senza norme UNI perse una causa per errore formale delle poste, massonamente fottuto! Lo scandalo IOR, omicidi vari, stragi e assolvimenti, i possedimenti di L. Gelli. Tutti santi, e avanti gli altri. Eppure tutto ruota attorno a noi, i cittadini comuni! Se noi non ci fossimo, non ci sarebbe di che imbrogliare e rubare, coinvolsero pure il Vaticano, inteso come IOR, e la tacchetta fra le altre due logge massoniche. Fatti così gravi da fare morti i faccendieri, e si comprende il potere di quelli che non sono stati uccisi ne processati ed alcuni nemmeno accusati.

Come già detto, bisogna pulire! Nella lista P2, si trovarono oltre ad altri illustri commensali: 12 generali dei carabinieri; 2 ministri; 33 parlamentari; 5 sotto segretari di partito; 5 generali del corpo di finanza; 22 generali dell'esercito; 4 generali dell'aeronautica; 8 ammiragli di varie tipologie. Con molti nomi noti, fra i quali Berlusconi, Costanzo, Claudio Villa, Vittorio Emanuele di Savoia, Pecorelli, Ortolano, Calvi, Rizzoli ecc. 2500 nomi noti, anche se non tutti cattivi, ricordiamo l'attentato a Costanzo e il suo ospitare i magistrati abbandonati. Alcuni di questi noti, con lo scopo di influenzare il popolo attraverso i media: TV, giornali, facile da comprendere, e insisto sul piano politico vaccini!

Sono breve perché non basta un libro intero per trattare questo intreccio di malvagità che compone ben 74 anni di politica, saltando la prima guerra mondiale, lo preparo a parte, per i più giovani che devono esserne a conoscenza per costruire non sulle nostre macerie ma su lungimiranti orizzonti puliti, a oggi ridendo e scherzando, vorrei solo sottolineare la gravità della situazione, perché è veramente molto grave, e so che se come me vuoi avere tali informazioni, e te lo consiglio, puoi accedervi con grande facilità.

Grazie ai precedenti, mafia, logge e stato si assemblarono, e ciò che prima era P2 oggi sono altre logge, addirittura da Londra portata dall'uomo che ci ha descritto per 40 anni le bugie del governo, e ha fatto peggio di qualsiasi sua precedente narrazione, le lobby, che riguardano TUTTI i partiti, la CIA, OMG, ONU, NATO e non dimentichiamo le nostre care banche ecc. Mentre aspettiamo ancora di potere scrivere di chi erano soldati le BR, perché io non posso scrivere nulla di più di ciò che trovi se ti documenti. Anche se, trovata una bellissima intervista del sig. Franchini, dicasi fondatore delle Brigate Rosse, uomo di grande filosofia e veramente un giusto, nel parlare e quindi indicatore di conti che non tornano.

Mentre la DC si è riformata in Sicilia, mescolata con l'antica loggia, con scambio di posti, Roma-Palermo e Palermo-Roma, dei discendenti di Andreotti, e di altri attuali, la passano sempre liscia. Meravigliose le storie emerse sull'ultimo latitante ingabbiato dopo 30 anni, e soprattutto le storie delle sue amicizie, il Pip sempre in mezzo! Fuori da questo giro è molto raro che qualcuno entri in parlamento senato politica, oggi i poteri sono in qualsiasi associazione anche con maschera religiosa, se nazionale. Fuori da questo giro, qualsiasi cosa ti capiti, qualsiasi ragione tu abbia, ti inchiodano fino a che non smetti di respirare, e oggi è molto facile, basta una segnalazione bancaria di €. 10 ! Che non trovi nessuno per estinguere, e se non vogliono non trovi nessuno e scoppi. Non sei più un czz, e nessuno ti chiederà: cosa è successo?

Ti sbatteranno qualsiasi porta in faccia senza guardartici in faccia! E se non hai amici in quel giro puoi regalare denari a tutti gli avvocati del piffero che vuoi, che scapperanno a meno che "qualcuno" e non certo tu, gli dica NO! Oltre la lista diP2 che trovate pubblicata ovunque, trovate anche la faccenda di Andreotti, che non lo volevano e dovette passare molte votazioni, per avere ciò che voleva lui, e altri per lui, governi crollati in 7/15 giorni, di volta in volta. Come fa uno ad essere eletto se il giorno dopo gli si rivolta contro tutto il parlamento? Fino a fare crollare la votazione, allora di chi erano quei voti!

Certamente la spacconeria delle mafie e la scaltrezza dei politici hanno coperto l'America. Poi c'è l'affascinante storia di Gladio, meglio saperle queste cose, che poi ci troviamo come gli ultras a scannarci fra di noi per un tifo politico. Spero inoltre nessuno abbia dimenticato Falcone, Borsellino e gli altri giudici e giornalisti che sono stati ammazzati, i pochi folli puliti davvero, che volevano cambiare il mondo, perché ahimè, non era l'Italia, ma il mondo da cambiare! Allora, ai tempi di Andreotti, rubavano tutti, ma a noi qualcosa lasciavano, forse l'illusione per non farci indagare e il tumore è cresciuto da essere irreversibile.

Oggi ci troviamo con questi personaggi che con i soldi che si intascano, fanno la cresta sulle pensioni, e l'hanno fatta sulle pensioni di quegli individui che hanno cominciato a lavorare a 12, 14 anni. Addirittura Berlusconi, con la vita che fece, con le intercettazioni telefoniche alle paperine che ha portato in parlamento, e anche qui cito dati di pubblica visione, che diceva di volere arrivare con €. 100 alla volta a portare le pensioni a €. 1000. Prima c'è ciò che si può e non si può dire, o forse ciò che si può e non si può vedere?

Quindi "il giusto"e "lo sbagliato" non esistono più se riguardano la parte di patrizi intoccabili? POPOLO! Non ci vergogniamo neanche un po'. Quelli che sono andati a lavorare da bambini, sono quelli che ci hanno mandato a scuola perché avessimo possibilità migliori! Questo è il ringraziamento?! Ricordo a tutti, che tutti si invecchia, se si è fortunati e in quel caso si raccoglie certamente ciò che si ha seminato, soprattutto riguardo questo argomento, sai come stanno i vecchi oggi vero?

Operare su ciò che è stato corrotto
Senso civico da attuare ora

Partiamo dalle pensioni. Come un governo sano, può essere soddisfatto di dare, addirittura a €. 100 alla volta, €. 1000 di pensione al mese, ad una generazione che è nata durante la seconda guerra mondiale, che spesso ha iniziato a lavorare a 12/14 anni e allora non c'era certo il reddito di cittadinanza. Hanno passato le pene dell'inferno! E dopo una vita di lavoro arrivano questi idioti messi lì dai poteri che decidono che "i vecchi" devono essere felici di avere €. 1000 al mese, e sono ancora a €. 500 circa? Poi però per se stessi, c'è il regalino di natale da €.

5.500 a individuo, cioè il Natale dei parlamentari vale fra le 20 e le 10 volte di chi ha lavorato tutta la vita!

Lo Stato italiano che rappresenta l'ultima conquista americana, condita come i lungimiranti americani l'hanno potuta condire: mafie + logge massoniche italiane e non+ banche +lobby partiti, è molto lontano dal concetto Falcone- Borsellino al quale dovremmo essere in grado di tornare, se vogliamo un futuro, ed è comunque un nostro dovere lasciare un futuro a chi arriva dopo di noi! Tutta la storia del '900 deve essere obbligatoriamente sui libri di scuola, con la verità di ciò che è stato, la storia e le confessioni dei pentiti, la P2 e sti czz. Chissà che se gli diamo modo, i giovani non ci rimettano in riga! Un crimine, non ha tempo di prescrizione, rimane un crimine! Come una segnalazione bancaria per €. 10 rimane, se non paghi, e anche se paghi, minimo tre anni, anche se la banca ti ha fottuto, un crimine non può non essere condannato perché un tribunale, sempre per coincidenza, ad arrivare al dunque ci ha messo troppo tempo!

Operare su ciò che è stato corrotto
Organi di giustizia e leggi sul senso civico

Ogni volta che c'è un errore io sto subendo la vostra corruzione, che ancora più gravemente vi fa abusare del potere a discapito degli onesti, che siete pagati addirittura, per difendere e con i quali prendete anche un impegno e inoltre, sputtanate tutta la vostra categoria ingiustamente riguardo a quelli onesti e incorruttibili di voi. Vogliamo una regola grossa: se beccati carcere di sicurezza e isolamento a vita, pane e acqua, senza processo e che il pane sia secco! Anche se, per voi la ghigliottina io la riarmerei volentieri.

IOR, il Papa in persona deve controllare i movimenti, anche con una persona di propria fiducia, che viene da dove decide il Papa. Essendo che la banca vaticana dovrebbe essere di esempio agli altri, almeno trimestralmente i conti devono essere esposti, e ci devono essere opere di bene! La banca Vaticana, appunto, non può essere esclusa dai doveri verso gli anziani e quella parte di popolo che non ce la fa, di qualsiasi razza esso sia, se ancora il vaticano rappresenta il SIGNORE di SAN PIETRO, costruisci su questa pietra ecc..

Generali di diverse armi, amici degli amici, invischiati fino alle orecchie, mentre i loro sottufficiali per due spicci vanno quotidianamente a rischiare la pelle? Non deve esistere più! Quando sei di età pensionabile vai in pensione. Cosi facendo sputtanate ingiustamente tutta la categoria e i valorosi onesti vostri colleghi. Le poltronaccie di inciucio, (ricordo i generali nella lista P2) si passano da ora in poi ai meritevoli! E ogni cambio e passaggio deve essere alla luce di tutti, con spiegazioni dimostrazioni e documenti.

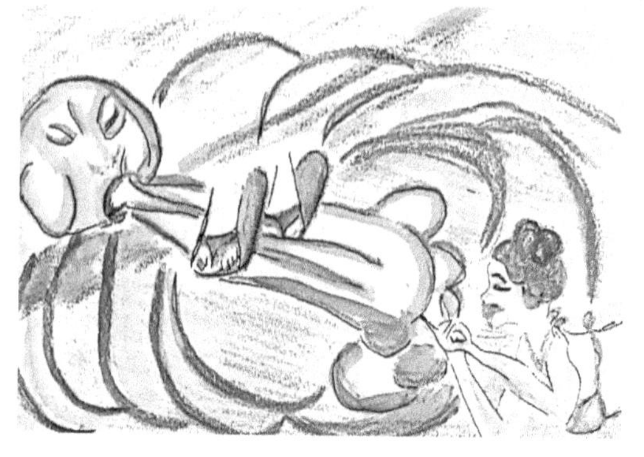

Se imbroglia questa gente qua, bisogna metterli in galera e togliere a loro la pensione! La daremo a quelli a cui loro l'hanno mangiata! E mi piacerebbe anche sapere come, oltre avere rubato e fatto un czz, cosa dà il diritto a certi personaggi di avere mega ville pagate dallo stato con servitù oltre che a fior di stipendi?? i I nostri vecchi vanno a frugare nei cassonetti! Ma che razza di società siamo? Media e radio usati per inciuciare il popolo a livelli disumani, come da programma P2. Eh!, Cavallo che vince non si cambia! L'altra sera in una trasmissione, anche discreta, almeno discretamente seria la conduttrice, arriva la giornalista paperina, che in un ultrasessantenne oltre che essere di cattivo gusto, ci indirizza proprio al

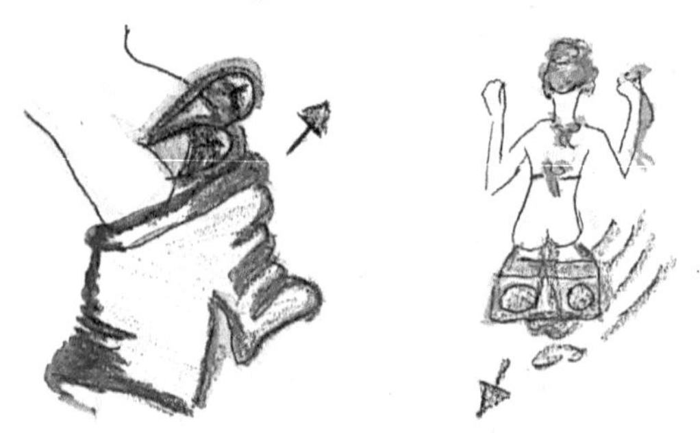

contrario di dove dobbiamo andare, che fa un trattato di medicina su Covid, influenza e reciproci vaccini. Scusatemi, CZZ! Allucinante, mi sono vergognata per la conduttrice, una roba scandalosa L'ignoranza che ci attacca la TV come un mostro. Parlo di nuovo della Pubblicità ai vaccini Covid, che sia avvenuta pagando i media come per il dentifricio e le merendine è veramente un

cattivo segnale, che prima di cogliere ci ha fatto mettere uno contro l'altro, così disuniti siamo più fragili, e pieni di rivalsa l'uno contro l'altro becchiamo sempre!

E non da meno: le banche, alcune ovviamente. Gli strozzini legalizzati, ai quali lo Stato Italiano para il culo ripetutamente: mai è successo che una banca fotte migliaia di persone e lo stato le risarcisce, ma risarcisce però la banca! Che dopo che ti ha fottuto, arriva e ti chiede pure i soldi, non c'è documento che sia utile, anche se, nel caso ne mancasse uno a loro, lo sapranno produrre certamente e tu con tutte le tue ragioni, a meno che non abbia un massone, politico lobbista mafioso e venerabile vicino, te lo pigli come sempre in Q!

Paga che se no ti fanno Dio solo e neanche sà cosa, perché lo possono fare! Questa non è gente che sa come si portano a casa i denari onestamente, non lo hanno mai fatto! Parliamo di senso civico: Se ti ubriachi e/o ti droghi, una canna è droga, non puoi guidare! Non puoi guidare neanche la bicicletta, perché vuoi mai che un individuo sobrio per evitare di

REGOLE DA SPIAGGIA:

Cosa non si può fare in spiaggia

I singoli Comuni e i gestori degli stabilimenti balneari possono stabilire discrezionalmente regole più severe rispetto alla normativa nazionale (sempre se motivate).

In ogni caso in spiaggia non si può mai:

-pescare pesci, meduse, stelle marine e altri animali

-raccogliere le conchiglie e portare la sabbia a casa

-ascoltare la musica ad alto volume e disturbare le altre persone

-accendere falò

-lasciare il proprio ombrellone

-dormire in tenda o in accampamento

-prendere il sole nudi (a meno che non ci si trovi in una spiaggia nudista o naturalista)

-praticare e farsi fare massaggi a pagamento

-acquistare merce contraffatta

-gettare i mozziconi di sigaretta.

Oltre a queste regole - che sono di portata generale - i singoli stabilimenti possono vietare l'accesso ai cani (che, invece, sono di norma ammessi in spiaggia libera), vietare il fumo e il topless. Tali regole, però, devono essere opportunamente segnalate e motivate. Inoltre potrebbero esserci delle limitazioni particolari per praticare sport come calcio e pallavolo, queste attività sono concesse a patto che non disturbino i bagnanti. E disturbano!!

DETTO QUESTO, PASSARE SOTTO VENTO DAVANTI ALLA FACCIA DI CHIUNQUE CON QUEL CZZ DI CIABATTE CHE ALZA "IL SABBIONE" E QUESTO FA INCAZZARE A MORTE "LO SDRAIATO".

investire te che sei fuso in bici, si faccia male, distrugga l'auto o prenda sotto qualcun altro? Fallo a casa tua! In macchina, si tiene la distanza di sicurezza, soprattutto i camion rimorchio!

Che mi è venuta l' artrosi alla mano sinistra a forza di fare il dito medio dal finestrino! Se un ciclo attraversa la strada sulle strisce pedonali e viene ruotato, l'automobilista non ha colpe anzi, il ciclista dovrà rimborsare i danni all'automobilista. Lo stesso vale per monopattini che sbucano senza alcuna segnaletica da ogni parte, se ruotati pagano pure i danni.

Se un minorenne fa cadere chiunque perché si diverte a rasare le persone con il mrd di monopattino: il monopattino sarà distrutto, i genitori pagheranno i danni, una multa e il piccino si farà 30 giorni con i patrizi dei Comuni che danno le concessioni a chi non devono, nell'aquario delle Meduse, li mettiamo con questi perché cosi quando fanno finta di essere sul cesso di casa si divertono di più, sai che merdoni ! Se devi attraversare un incrocio dove c'è un semaforo, prima di spingere quel bottone di mrd, puoi cortesemente aspettare che finiscano le macchine? Come si è sempre attraversata strada. PT CZ.

Quel bottone è senz'altro ottimo per una carrozzina, un anziano che cammina più piano, non significa che anche se c'è solo una macchina che deve passare sia intelligente bloccare l'incrocio 5 minuti! il parcheggio nel posto handicappati sarà punito con multa, demolizione del mezzo e carcere. E non suonare cazz! Se hai l'esaurimento nervoso curati e non guidare, soprattutto non scassare i coglioni agli altri. Metti la freccia quando giri, anche nelle rotonde. Se c'è fila, fai scorrere le auto di chi deve attraversare o fare manovra, PT!

Nei centri abitati rispetta i limiti di velocità. In campagna rispetta i limiti perché ci sono le bestiole alle quali abbiamo tolto lo spazio vitale, e incuranti del fatto che siamo cattivi, a volte attraversano la strada. Raccogli la cacca del tuo cane, chi pesta la cacca poi magari se la prende con i cani, perché la vigliaccheria è questo, non affrontare l'uomo vero colpevole ma prendersela con il povero cane che se anche volesse non ha le possibilità di inforcare il sacchettino raccogliersi la cacca e buttarla nel cestino.

Chi gira con la carrozzina e gira le ruote ha già abbastanza problemi, non è il caso che si immerdi le mani perché tu non raccogli la cacca del cane. Quando vai al supermercato se come me, hai l'abitudine di andare alle casse automatiche, cambiala in quanto questo tua indipendenza costerà certamente il lavoro ai cassieri/e, io l'ho già fatto.

Operare su ciò che è stato corrotto
Abuso droghe e alcol

Partendo dalle cariche statali comunali provinciali e regionali , per le quali ci sarà un attenta e continua analisi sull'uso di droghe e abuso di alcool, pena la squalifica immediata e la restituzione dei denari percepiti, anche per aprire una partita IVA ci sarà un attenzione particolare su questi argomenti. Non si può rilanciare un economia di un Paese nella fossa con questi presupposti fallimentari. L'oggettistica coadiuvante all'utilizzo di droghe varie sarà bandita dall'Italia e chiunque ne venga trovato in possesso, sarà multato e poi recluso. Perché in Italia da oggi in poi non essere lucidi sarà molto grave! Un popolo che si rialza deve essere lucido e unito, non ti permetto di sacrificare il mio Q perché non sai proteggere il tuo, quindi sarà necessario per

Uscire da questa situazione collaborare tutti con l utilizzo pieno delle facoltà mentali. P.T! Ad oggi assistiamo allo spaccio libero e al degrado libero, diventa sempre più terribile avere figli in giro per la strada, perché anche se loro si comportano come gli hai insegnato, passa un tossico ubriaco e te li ammazza, non è neanche detto che finisca in carcere per questo.

Come per la pace che diciamo di volerla e spendiamo centinaia di milioni di euro per mantenere le caserme, dove vanno i raccomandati, gente che in caso di bisogno, si mette il pannolone e si dà come minimo esaurimento nervoso. Eccetto i soliti due ehh! Droga e alcool tolleranza zero! Sono anni che si fa pubblicità a cannabis e via discorrendo, addirittura con la speranza sia legalizzata, non oso immaginare l'accisa, ed è lì che gli viene la tentazione ehh? Siamo già un Paese di troppi coglioni, ci manca che abbiamo libero utilizzo di tutto, non siamo in grado! Lo avete mai conosciuto sul serio un alcolizzato?

Io si, tanti anni fa e ci ho quasi lasciato la pelle. I comportamenti standard che si registrano nelle storie di femminicidio hanno la stessa base, ma si raccontano i dettagli dei peli del Q., ma che l'assassino faceva abuso di alcool e/o droghe, si dice mai un czz. Come fa una persona ad essere equilibrata e sicura di sé se non riesce a stare lucida? Come fa ad essere affidabile se per stare tranquilla ha bisogno di intorpidire la coscienza e la vita?

Gli faresti guidare un autobus, dove magari sale tua figlia? Gli daresti in mano la contabilità della tua azienda? O gli faresti fare il sindaco della tua città a €. 11.000 al mese? Uno dei problemi ulteriori, rimane la gente di una certa, che non ha un czz da fare e se io a 16 anni mi sentivo già troppo grande per farmi una canna, mi vergognavo, per quanto fra i 12 e i 15 fu un esaltante passione, chi non ha non ha avuto un limite di età, spesso con il cervello ad oggi non è proprio conciato una meraviglia.

E spesso è gente che rompe i coglioni al prossimo per principio, malvagi, repressi e invidiosi, ed è inutile che qualcuno si incazzi a sproposito: "io non giudico certo i problemi che non sei riuscito a risolvere, ne ho abbastanza dei miei, solo ti chiedo se da lucido ci hai mai provato?? Se mi rispondi che non centra, significa: no, e che ti sei fumato pure i coglioni per provarci, cosi siamo una società alla pecora, perché tu scappi e non sai stare in piedi, peccato perché saresti stato utile! E invece, grazie a te, siamo un popolo di smidollati per fare le cose giuste insieme, siamo in balia dei tuoi umori che sei un gran cacasotto, e se ti brucia il Q, adesso ti puoi anche incazzare, magari ti fosse utile!"

Quindi io dico, in Italia è legale la droga? Lo sai che quando c'era il proibizionismo c'erano i viziosi, non certo gli alcolizzati! E invece la droga, pur non essendo legale, ha già sterminato centinaia di milioni di vite giovani, da illegale, veramente non riuscite a fare il confronto con alcool?! Se non è legale, perché il mio Paese non alza un dito? La maggior parte è gente che viene da fuori, e quello sa fare.

Guadagnano anche bene, altro che reddito di cittadinanza, vengono aiutati per poi usarli per i voti alle elezioni, aiutati significa anche non disturbati nelle loro attività, cioè rischia un controllo senza pietà il calzolaio, loro sono razza protetta e czz non posso scrivere quale è il partito, e lo sappiamo, e questo è ancora più grave, diverse cose dove non posso scrivere un nome, tristemente illegali sotto molti aspetti, ok il nome non lo scrivo e tutti hanno capito di chi parlo. Quindi tacciamo tutti insieme, ed è l'unica cosa che sappiamo fare uniti, pigliarlo in Q?

La strage dell'eroina degli anni 80 è già dimenticata? Ragazzini senza denti e senza capelli in giro a chiedere 50 lire, è stato orribile e io personalmente ho perso un sacco di amici, visti trasformarsi in schiavi indemoniati da un giorno all'altro e morti fra i 16 e i 20 anni.

Volete tornare là? E se lasciate che i vostri figli non credano in sé stessi da affrontare le difficoltà con lucidità, che fine faranno i loro figli'? Si, anche io sono cresciuta con idee di libertà, tuttavia, riguardo questo argomento oggi viviamo i risultati, e sono drammatici. Vivi e lascia vivere su questo argomento è solo uno sproposito fuori luogo.

Credere che sia normale, o cazzi tuoi essere sballato, con la mente alterata mentre fai altre cose ed interagisci con la comunità è una cosa di un'ingiustizia e cattiveria mancanza di rispetto per il prossimo, sconcertante, che non lascia certo spazi ad alcuna evoluzione!

Purtroppo a causa di alcuni mrd, si sono sputtanati interi sistemi, ingiustamente e a discapito degli onesti e capaci colleghi e cittadini degli stessi servizi.

Operare su ciò che è stato corrotto
Centro Cultura Italiana

C'è chi scappa da guerre, persecuzioni e altre cose orribili. L'Italia con qualche inciucio del passato, raccoglie i profughi, li ammassa da qualche parte, gli paga cibo e gli dà da dormire, e saranno sempre gli ultimi, causando razzismi e merdosissime disuguaglianze sociali. La costituzione italiana, i 10 comandamenti comprensivi della regola d'oro, e la storia d'Italia dalla fondazione di Roma in poi, saranno distribuiti in tutte le lingue.

Questo non significa certo che si obbligherà la gente al cristianesimo, solo a rispettare le nostre leggi, idem per tutto ciò che vuole avere vita in Italia, vedi facebook, banche, assicurazioni, compagnie telefoniche, imprese di ogni sorta. Sarà obbligatorio un anno di QUESTA formazione, al termine del quale sarà sostenuto un esame, sia orale che scritto, nella propria lingua, se superato si avrà il diritto alla cittadinanza italiana. Allora si, i "venuti da ovunque "avranno pari opportunità, in linea con le proprie capacità ma allineati totalmente con la nostra cultura. Chi porta il velo lo potrà portare, solo se lo desidera, a casa propria, non potrà certo vivere in Italia con un obbligo che qui non c'è.

Certo è che qui puoi vestirti come vuoi, entro i nostri larghi limiti della decenza, non puoi certamente entrare non solo in banca, ma ovunque con il viso coperto, qua si chiama bandito uno con il viso coperto! Potranno anche aprire attività, per manifestare le loro culture culinarie, sartoriali e qualsiasi, ottemperando alle nostre regole e non alle loro, in Italia! L' esame si può ripetere max 2 volte, senza quello non si fa nulla in Italia, e se lo sbagli due volte tocca andare via, significa che oltre a non cogliere l'opportunità, non interessa, e se puliamo, puliamo tutto! Il primo corso, obbligatorio, è gratuito, se non lo passi, rimane obbligatorio ma paghi, se di nuovo non lo passi, cambi Paese! Se non ti piacciono le nuove regole, puoi serenamente scegliere un altro Paese, se non ti obblighiamo ad imparare qualcosa, ti illudiamo del Paese della cuccagna per poi farti fare il cittadino di serie D in quanto le categorie precedenti sono già occupate! Non vogliamo gente per strada, senza futuro, senza possibilità, che finisce per alimentare i centri di spaccio e prostituzione in schiavitù, che è grande reato in questo Paese e tornerà ad essere punito. Se vogliamo realmente offrire un'opportunità!

Art. 35. La Repubblica tutela il lavoro in tutte le sue forme ed applicazioni. Cura la formazione e l'elevazione professionale dei lavoratori. Promuove e favorisce gli accordi e le organizzazioni internazionali intesi ad affermare e regolare i diritti del lavoro. Riconosce la libertà' di emigrazione, salvo gli obblighi stabiliti dalla legge nell'interesse generale, e tutela il lavoro italiano all'estero.

Art. 10. L'ordinamento giuridico italiano si conforma alle norme del diritto internazionale generalmente riconosciute. La condizione giuridica dello straniero e' regolata dalla legge in conformità' delle norme e dei trattati internazionali. Lo straniero, al quale sia impedito nel suo Paese l'effettivo esercizio delle libertà' democratiche garantite dalla Costituzione italiana, ha diritto d'asilo nel territorio della Repubblica, secondo le condizioni stabilite dalla legge. Non e' ammessa l'estradizione dello straniero per reati politici [26].

Nota: a meno che non siano sponsorizzate dalle nazioni di provenienza o dai signori extracomunitari stessi, non possono esistere a sovvenzione comunale, centri di cultura non italiana i nostri nuovi cittadini devono imparare la cultura del posto dove vivono e lavorano e non il contrario. in Italia ci sono i crocifissi sulle scuole, i presepi a natale, che celebra la natività di Gesù e la quaresima di pasqua, che significa la resurrezione di cristo. la storia delle nostre feste comandate è la nostra storia e va rispettata. loro, le donne girano come gli pare, nessuno può girare mascherato e la violenza è perseguibile penalmente, le tasse le bollette ecc., si pagano. pur non obbligandoli assolutamente a partecipare, alla religione, ci deve essere un accettazione totale della cosa!

Prova a immaginare te che vai in un paese mussulmano e ti incazzi perché non trovi un panino con la mortadella! Capisci il senso? Deve essere cosi anche qua. Poi possiamo organizzare convegni sulle diverse religioni, tutte insieme e trovare le stesse raccomandazione proclamate da un Dio diverso dall'altro, perché il bene e tutte le religioni viaggiano insieme, più di quanto noi non ci siamo mai resi conto. Come nell'induismo ci saranno scuole di tutte e religioni e "la non violenza" di Mahatma Gandi sarà aggiunta ai Dieci Comandamenti.

Capitolo VII

Operare su ciò che è stato corrotto

Se maltratti un animale

Squadre di uomini e donne ben motivati, con sede in ogni provincia e delegati per ogni città, frazione e voglio esserci anche io! Un giorno il più idiota, drogato e altro, del mio quartiere, era divertito e con le braccia conserte, mentre una sua vicina assisteva alla scena del cane di lui che azzannava il gatto di lei, ha urlato come una matta ma lui era divertito e non ha richiamato il cane. Non è stato denunciato e poi è passato il tempo, e ora non si può più fare.

Storie di animali ammazzati a bastonate, legati dietro l'auto, non possono passare cose del genere! Il gatto si è salvato ed è rimasto sciancato La squadra si occuperà di fare esattamente ai maltrattatori di animali, ciò che loro hanno fatto agli animali, e se li hanno ammazzati, mi spiace per quel comandamento, ma se capita indietro pazienza, chiaramente se capita ripetendo all'uomo le azioni dell'uomo nei confronti del povero animale che è morto di conseguenza. Chiunque faccia il grosso con un animale solo perché può, deve essere punito.

Sai che è lo stesso individuo che picchia le donne i bambini e gli anziani? Ha solo una superiorità che è fisica, sindrome da ce l'ho piccolo si chiama..va abbattuto, se non crepa sotto la legge del taglione, ergastolo in isolamento a pane e acqua.

Deve assolutamente provare la paura e il dolore che ha causato ad una creatura innocente, che gli ha fatto solo il torto di fidarsi dell'individuo. Il merda che lo ha disintegrato, terrorizzato e spesso ammazzato! Questa non è alcuna istigazione a delinquere, anche perché si esporranno gli amanti degli animali ed è sempre giusto, si tratta di giustizia e prevenzione che lo Stato non è in grado di compiere.

Serve gente che ama gli animali per capire questo livello di ingiustizia, gente che ha il coraggio di mettersi a rischio per le innocenti e meravigliose bestiole. Scrivimi una mail. credimi, con uno che fa il grosso con il più debole, non rischia nulla, sono vigliacchi che se la fanno sotto con le persone.

Una nota sull'orsa Maya, che, come istinto animale comanda, per protegge ei suoi cuccioli ha aggredito, purtroppo uccidendo un uomo. Volevano ucciderla, poi le hanno fatto ben peggio: l'hanno rinchiusa e separata dai suoi cuccioli. Forse sarebbe stato più saggio chiudere il parco, dove l'uomo ha prima reinserito gli orsi, poi noncurante della naturale maternità degli stessi, non ha nemmeno differenziato i periodi di invasione umana, essendone totalmente ignorante! Io vorrei invece fosse rinchiuso e destituito chi ha con noncuranza ignorante ai massimi livelli, trattato questa faccenda. Mi raccomando poi, trattate bene chi ha sciolto bambini nell'acido, fatto stragi e anche per mangiare! un grande vaffa da parte mia! chi fa i capricci in carcere

Cena tra a mici

Lei mi offrì una caramella. Tentammo di scappare assieme ma mia mamma correva forte.ci abbracciammo forte, poi ci salutammo, io in lacrime. fu amore a prima vista

Operare su ciò che è stato corrotto

Gesù e gli animali

Indipendentemente dal credo religioso di ognuno di noi, Gesù è esistito, ed era indiscutibilmente un grande uomo. Pensa solo la storia che lo ha seguito, 2000 anni! Libri, storie ed una sua religione che dura da allora, anche se in parte mistificata dall'uomo che mai sapremo con certezza. I testi della bibbia redatti nel corso dei secoli da persone che spesso trascrivevano ciò che gli era stato tramandato, corrispondente ai propri concetti, poco conciliabili dalla volontà di Dio.

Questo riguarda gli animali uccisi barbaramente, facendo credere che Mosè avrebbe comandato davanti agli altari dei sacrifici, lo stesso vale per diverse indicazioni che attribuirono a Dio nel vecchio testamento, riguardo l'uccisione di bambini, genocidi e saccheggi, tanto che sia i nazisti che Lutero osarono riferirsi alla bibbia per giustificare le proprie azioni orribili. Anche il nuovo testamento è opera umana, ossia una raccolta di racconti che nel suo insieme viene definita "sacra scrittura"da decreti ecclesiastici. Molti insegnamenti di Gesù vennero tenuti nascosti e non vennero inseriti nel vangelo, circa nel 400 d.C. Quando Girolamo fece la prima traduzione intera della Bibbia, si trovò sotto pressione causa il grande potere della chiesa che si stava formando e delle forze politiche. Quindi temi come la reincarnazione, la legge di semina e raccolta e l'amore di Gesù per gli amali non trovarono posto nella bibbia.

I testi dove Dio desidera che gli animali siano uccisi e torturati per lui, sono stati manipolati dall'uomo per fare credere che Dio fosse cattivo, un po le teorie della P2! Gesù amava gli animali e sosteneva che Dio ci aveva dato i campi fertili, alberi da frutto rigogliosi e erbe per nutrirci. "Guai al furbo che ferisce le creature di Dio! Guai ai cacciatori!

Perché essi stessi verranno cacciati" Gesù libera gli uccelli stretti da un laccio e parevano morti, allora lui passò le sue mani su di loro e gli uccellini si rinvigorirono e volarono via contenti. "Io sono venuto per abolire i sacrifici e le feste cruente. Se non la smettete di consumare la carne ed il sangue degli animali, l'ira di Dio non cesserà di abbattersi su di voi; così come accadde ai vostri antenati nel deserto che gioivano dei piaceri della carne e che s'imputridirono e furono consunti dalle epidemie."

In verità vi dico, chi trae profitto dall'ingiustizia inflitta a una creatura di Dio, non può essere retto. E tanto meno coloro che hanno le mani macchiate di sangue oppure la bocca infettata dalla carne possono trattare cose sacre o insegnare i misteri del cielo" Gesù (Il vangelo di Gesù, Vita universale 1994) Matteo 18.1-10.

- In quel giorno si avvicinarono i discepoli al Signore Gesù, dicendo: Chi è perciò il più grande nel regno dei cieli?

- E il Signore Gesù proclamò una piccola creatura e la sollevò in mezzo a loro. E disse:

- In verità, io vi dico che se non sarete convertiti e non diventerete come una piccola creatura, non entrerete nel regno dei cieli.

• Perciò, chiunque umilierà sé stesso come questa piccola creatura, questo sarà il più grande nel regno dei cieli.

• E tutti quelli che accoglieranno una di queste piccole creature nel mio nome, accoglieranno me.

• E per chiunque arrecherà male alla vita di una di queste piccole creature che si fidano di me, sarebbe stato meglio che una macina di mulino da asino gli fosse stata legata intorno al collo e fosse annegato nelle profondità del mare.

• Guai a questo tempo- del-mondo per i mali che vengono e per i mali che verranno, ma di più guai all'essere umano per cui essi vengono.

• Se la tua mano o il tuo piede è mezzo per fare del male, taglialo e gettalo via da te. Perché sarebbe stato meglio per te essere nato monco o zoppo, piuttosto che avere due mani o due piedi ma andare a finire nel fuoco di questo tempo del mondo.

• Se è il tuo occhio causa del male, cavalo fuori e gettalo via lontano da te; sarebbe stato meglio per te essere nato avendo un occhio solo, piuttosto che avere due occhi e andare a finire nella fossa della Geenna dove i rifiuti sono bruciati nel fuoco.

• Guardatevi dal disprezzare una di queste piccole creature. Perché io vi dico che i loro angeli costantemente vedono il volto del mio papà che è nei cieli. Il santo protettore degli animali è niente nientepopodimeno che San Francesco d'Assisi!

Ci sono storie su Gesù che salva un gattino, lo sfama e lo scalda e lo dà ad una sua discepola. Sgrida uno che picchia un cavallo, un cammello e tantissime storie al riguardo. In oltre dice ad un venditore di uccellini in gabbia: se imprigionassero in una gabbia te e la tua famiglia? E il tizio lasciò andare gli uccellini. Ribadiva a tutti che gli animali sono nostri fratelli! Per il buddismo sono soggetti a morte e reincarnazione tali e quali all'uomo.

Gesù è presente in molti altari induisti e gli yogi indiani lo tengono fra i loro santi e maestri. In India tutti i religiosi sono vegetariani e vegani da centinaia di anni. Quindi non voglio certo approfittare strappando l'accordo al principale, tuttavia serve l'aiuto di tutti per questa giusta causa, un argomento molto serio: è indispensabile una squadra, per provincia, città, Paese, che spieghi a quel tipo di "uomo" cosa prova un animale quando gli si fa del male, solo così si può fermare questo scempio! Aspetto la tua mail. Sentiamoci, parliamone, non abbandoniamoli ti prego.

Operare su ciò che è stato corrotto
Allevamenti animali

Non ci saranno più allevamenti intensivi di animali. Con i soldi risparmiati dall'allontanamento dei senatori, si farà in modo che gli allevatori abbiano ciò che serve, per creare allevamenti simili all'immagine del paradiso terrestre. Gli animali che mangiamo, campano poco e la loro vita deve essere meravigliosa, già che è breve! Bisogna smettere di mangiarli!! Pascoleranno all'aperto e mangeranno ciò che è nella loro natura, no mangimi artefatti.

Saranno puliti e accarezzati tutti, tutti i giorni e nessuno può avere più animali di quanti ne può accarezzare, a casa propria. Di qualsiasi razza siano. Le feci vanno raccolte ogni giorno, ed usate come concime, come ogni giorno le bestiole devono passare molte ore all'aria aperta, correre giocare e rotolarsi dove gli dà più soddisfazione.

La morte deve essere indolore, non sotto i 100 anni e vi si devono accompagnare con grazia e lo farà l'allevatore, al quale, per il solito miracolo non certo della nostra razza, qualsiasi animale si affezionerà e si fiderà ciecamente! La pena per non rispettare la dignità animale, sarà un mese di vasca delle meduse, nudo come è puro un animale davanti a te, poi se non crepa ergastolo, isolamento a pane e acqua, pane secco! Acqua pulita come quella che dava da bere ai suoi animali.

E si diventerà tutti vegani o vegetariani in un Paese che si dice cattolico, poi scrive laico, mi sembra il minimo! Sai cos'è il caglio animale? Indispensabile nel 0% che formaggi che mangi.

Documentati e scegli con coscienza.

Allevamenti gatti/cani/criceti/cincillà/furetti ecc. Proibiti Prima. Svuotiamo i canili, gattili e rifugi animali di ogni sorta, animali vittime della cattiveria ignorante dell'uomo che compra, come si fa con i giochi, poi si stufa ed abbandona come si fa se si è una merda. Molti dei cani comprati ed adottati durante il look down, per avere la scusa di uscire, sono poi stati abbandonati di nuovo e qualche carogna mostruosa, prima di abbandonarli gli ha pure strappato il microchip con il coltello!

All'uomo deve essere inserito il microchip e non più al cane! Basta con le

Cooperative per gli appalti ai canili! I cani vanno curati, sfamati, puliti e amati, serve un adeguata assistenza veterinaria. Il tutto costa un occhio e serve gente seria, si chiamino i volontari, che se lo potessero fare per mestiere, altro che paradiso terrestre! Importa che i personaggi siano all'altezza e non certo di quale partito! La politica va tolta dalle cose vere! Serve gente che ama gli animali e fa tutto per il loro bene, non certo appalti e le solite cooperative, mai cooperative dove ci sono esseri fragili: RSA, canili, gattili e assolutamente e bambini. Va beh, tanto li abbiamo già mandati a casa!

Nota: Gli animali sono tutti sacri!

Art. 9. (1) La Repubblica promuove lo sviluppo della cultura e la ricerca scientifica e tecnica [33, 34]. Tutela il paesaggio e il patrimonio storico e artistico della Nazione. Tutela l'ambiente, la biodiversità` e gli ecosistemi, anche nell'interesse delle future generazioni. La legge dello Stato disciplina i modi e le forme di tutela degli animali.

Operare su ciò che è stato corrotto
L' esempio animale

Gli animali di tutto il mondo uccidono per mangiare e per nessun altro motivo al mondo. Gli animali di tutto il mondo soprattutto nello stato di accudire i piccoli, si aiutano, spesso anche fra razze diverse. Gli animali di tutto il mondo condividono il cibo, anche fra razze diverse, mangiano solo ciò che serve, il resto è per gli altri. Gli animali delle foreste si fanno un gran mazzo per vivere, si accoppiano nel tal periodo qua, poi devono partorire/depositare uova a migliaia di km là, in un periodo delineato, bevono là, mangiano, tutto in periodi determinati e determinanti qualora non ci stessero con i tempi, e senza orologio ne calendario, si orientano naturalmente, l'aspetto climatico è per loro predominante e indicativo.

L'uomo ha creato gravi problemi all'equilibrio animale e alla sopravvivenza di molte specie. Basti pensare allo scempio crudele delle pellicce, l'avorio e tutti i massacri, ruberie di spazi, distruzione delle vegetazioni. Hanno ancora tanto da insegnarci, ma non c'è più sordo di chi non vuole sentire, e così escono le sentenze di caccia aperta sui cinghiali, sui cervi, e con i fagiani hanno veramente rotto le palle!

Uomini grassi con colesterolo e trigliceridi alle stelle che hanno bisogno di squarciare un passerotto, il cacciatore è esattamente l'immagine perfetta della sindrome da c'è l'ho piccolo! La caccia sarà bandita e motivo di ergastolo come se si ammazza una persona, popolazione di grassi inquartati ai quali i 35 supermercati che hanno di fronte casa, avranno sicuramente un alternativa da offrire.

P.S. Animalisti: non siate ignoranti nei confronti dei circhi. Da quando uscirono i primi discorsi sulle crudeltà verso le bestiole dei circhi, ne ho visitati parecchi e sono accuse infondate che tuttavia rischiano di condannarli a morte, se nessuno più li lascia lavorare! Li trattano come principi, e un tale Orfei, un pomeriggio a Gubbio, mi fece entrare e visitare l'intero comparto, e mi disse:"ma veramente secondo te è possibile che io offenda e maltratti un leone, una tigre e poi mi ci chiuda in una gabbia insieme? O gli metto la testa in bocca? Che io tratti male un elefante che alla sera mi appoggia la sua zampa sul petto con i suoi quintali sai che basterebbe poco per uccidermi?" e via discorrendo. Poi vidi le pulizie maniacali, le carezze ed i rapporti fra quegli animali e le persone che li accudivano, provai invidia e spesso da allora faccio amicizia con i circensi ed i loro animali che sono una preziosa fonte educativa per i bambini, e anche per gli adulti e forse, "cari animalisti se invece di pensare a ripetizione, si andasse a verificare con il concetto di comprendere ogni tanto, si risparmierebbero molte stronzate che poi pagano altri, compresi gli animali. Ciò nonostante non dimentichiamo che hanno un costo di cibo e manutenzione molto elevato. Alcune amiche circensi mi raccontano delle numerose abituali aggressioni che subiscono per strada e si prendono insulti: assassini, zingari, sozzoni, merde e chi ne ha più ne metta. Al momento cari animalisti,

Rinoceronte maltrattato o felice

causa un vostra ignoranza presa di petto senza indagare avete appena condannato a morte migliaia di animali dei circhi con le vostre illazioni senza approfondimento! TDC. Proprio voi, non siete altro che seguaci di dicerie e partite con il dito puntato senza indagare.

Operare su ciò che è stato corrotto

Gli inciuciati (vigliacchi più bigotti più disonesti più cacas ex matris) che appoggiano i lager animali

Parliamo degli inciuciati delle istituzioni una delle cose più gravi del pianeta e credo l'Italia sia veramente ai primi posti della classifica mondiale. Se hai seguito la faccenda dei polli, assolutamente scandalosa, in quanto il costo di quel pollo è

il doppio degli altri essendo dichiarata- mente bio e allevato secondo i principi del benessere animale. In un Paese che va avanti mai di giustizia e sempre solo di poteri, le istituzioni intervistate avevano paura di parlare, perché non si mettono contro ai potenti, con i quali hanno già fatto accordi, e non controllano proprio un czz.

Obbligo di controllo da parte della Fi- nanza, di tutti i dirigenti delle istituzioni che devono eseguire i controlli sulla veridicità del dichiarato allevamento bio e benessere animale, controllo degli stessi su i movimenti bancari: entrate, uscite e beni dei personaggi taciturni! Ergastolo per questo tipo di menzogna! Ci sono allevamenti di polli dove lo scandalo è uscito da un pezzo e continuano imperterriti sul loro disumano trattamento nei confronti delle bestiole.

Polli geneticamente modificati, impossibilitati dal peso del loro petto non naturale persino a stare in piedi, dichiarati bio!

Con il tizio che passa e gli tira il collo mentre li lancia qua e la morenti in mezzo agli altri! Negli anni abbiamo assistito alle violenze sui bovini, ricordo ancora il filmato di più di 20 anni fa: le caricavano ribaltate sul muletto per farle salire sui camion e le bastonavano con un ferro ricoperto da un uncino sull'estremità, le bestie urlavano e tentavano di dimenarsi ma le alzavano di peso rompendogli anche le zampe per caricarle.

Le mammelle che sanguinavano perché le mucche non erano state munte, con i miei occhi ho visto invece in un allevamento semi aperto, bellissimo dove le trattavano bene, una mucca in mezzo all'allevamento da sola, e chiesi perché lei era lì sola soletta? La risposta fu che aveva appena partorito e se l'avessero lasciata con il figliolo non avrebbe dato il latte da vendere e da fare il czz di formaggio. Fu l'ultima volta che bevvi il latte di mucca, io che rubo il latte a un vitellino e la madre che non rimane nemmeno il diritto di tenerlo vicino a se qualche settimana. Mi sono vergognata. D'altra parte la logica è questa, come può un animale fare il latte se non per allattare la propria prole? Diversamente può essere sottoposta ad ormoni che mimino il post parto, estremamente dannosi per la salute della bestiola e non vado oltre perché non sono medico anche se basta la logica umana.

Quando smettono di produrre finiscono al macello! Che ne dici di farlo con le persone il formaggio e il latte con allevamenti intensivi, per coprire tutto il fabbisogno G.D.O? Latte di donna, magari diviso per razza e nostro colore della pelle, le nostre donne al posto delle loro con lo stesso trattamento!

Dai, non sarà poi cosi male visto che costringiamo mucche pecore e capre, oggi pure asine e non so dove possiamo arrivare, a riprodursi continuamente, non frequentare la propria prole per usare il latte per il commercio, ovviamente gratis come loro, e con le loro conseguenze per la salute. Quello dei maiali non è certo da meno, ammassati con in mezzo i morti, in mezzo al fango misto merda, presi a bastonate e in video vidi l'operaio che per dispetto con le pinze strappo i denti a un maiale perché ne aveva morsicato un altro, quelle urla mi hanno tolto parecchio sonno. il tutto ha fatto il giro dei social, ma come sempre nel Paese della cuccagna, non è successo un CZ.

Tutto continua uguale e noi che mangiamo non ci poniamo il minimo problema di cosa passano le bestiole per finire sulle nostre tavole. E così, se c'è un po di anima e cuore si diventa vegani, perché devi scegliere se accettare tutto questo e quindi partecipare oppure no! Le istituzioni sono agli inciuci dei poteri, e io gli auguro con tutto il cuore di rinascere pollo almeno 100 volte a fila, poi 100 maiale e 100 mucca e 100 anche cavallo.

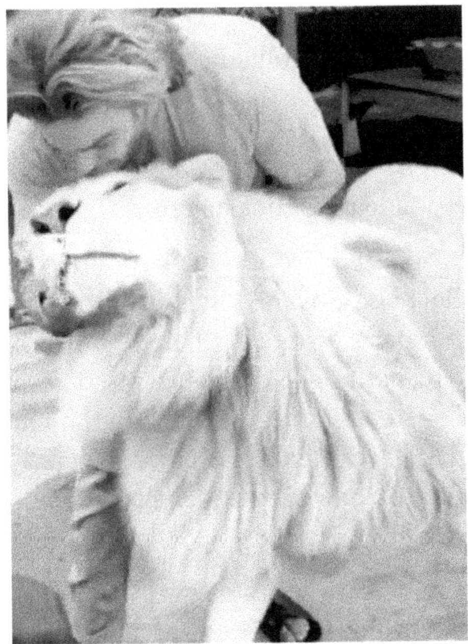

I cicersi maltrattano gli animali

Un guru indiano dal nome Sry Yukteswar nel 1800 sosteneva che essendo che l'Uomo non può sopportare ne la vista della macellazione ne l'odore, come può la carne essere considerata cibo naturale per l'Uomo mentre i suoi sensi la rifiutano a meno che non sia modifica da sali e spezie? Tu mangi carne? Non ti interessa? Nulla della speculazione che fanno sulla pelle degli animali? Pare che Auschwitz in confronto ai posti citati fosse il paradiso terrestre! Pensaci quando fai la spesa.

Operare su ciò che è stato corrotto
Dove ti vorrei portare. Formazione anima anni

Credo di potere parlare realmente di un privilegio, un po' rischioso, ma superlativo essere adolescenti in quegli anni. Eravamo abbastanza padroni di noi stessi, e i nostri superbi cantanti dell'epoca davano una mano. A me sicuramente visto che il mio n.1 è sempre stato Renato Zero. Probabilmente a causa sua ho appreso un modo molto intenso di ascoltare, a partire dalle sue canzoni, a tutto il resto.

Diciamo che ad un certo punto, uscì l' LP di Vasco "Bollicine" e si generarono come due correnti:

1: non mollare difendi la tua idea

2: coca cola si coca a chi non vespa più e si fa le pere (questa era la frase dal vivo)

L'eroina all'epoca aveva una presa micidiale sui giovani e stessi molti miei amici, con i quali andai a vedere Vasco ma per tre volte era troppo ubriaco per cantare. Nel frattempo si arrivò al bivio, cosa della quale per molti anni diedi la colpa feroce a questo signore, e l'estate dove veramente ci fu il bivio io avevo appena comprato il famoso "QDISC" di Renato. Mentre navigavo fra le mie incertezze accendevo il disco e la canzone che mi diede le emozioni giuste arrivò come per magia:

mi scoppia nel cuore la voglia di navigare sciolgo gli ormeggi finalmente potrò salpare io ritorno a combattere il vento a dominare il mare al di là dell'incerto c'è un porto morto da ricordare

La mia barca di nome Speranza non ha paura anche con la tempesta lei scivola via sicura di questa vita che è mia, sono io che sto al timone. Quando sono quassù del destino sono io il padrone un cuore tatuato sul petto il mio primo amore indelebile segno che il sole non può sbiadire contrabbandare i miei sogni proibiti a chi vuol sognare e cambiare ogni volta la rotta finché basta il mare navigare finché navigare sia spiccare il volo più lontano che puoi anni luce da quel calendario

L'imprevisto e la curiosità finché un margine di rischio ci sarà fino a quando questa vela al vento non si arrenderà navigare finché navigare sia toccare il cielo c'è chi resta e chi va più vai in alto e non ti senti solo vedi il mondo più pulito

se scopri questo senso d'infinito in te trasparente come l'oceano

il tempo scorre su di te nei vecchi porti e fumose cantine sbancare la notte mentre tutti vedranno sirene barando a carte navigare finché ubriaco del mio navigare navigare non sia nostalgia di terra da toccare e negli occhi tanto azzurro in più e magari con la stessa voglia tu fino a quando la tua pelle avrà il mistero delle stelle l'imprevisto e la curiosità finché un margine di rischio ci sarà fino a quando la mia vela avrà buon vento e ancora andrà nel mare.

Quanto bastò per comprendere che i miei principi non dovevano essere abbandonati per seguire gli altri, che amavo tantissimo ma non avrei potuto ne cambiare ne salvare. Andai all'appuntamento e dopo qualche tentativo di fare cambiare idea agli altri, non riuscendo tornai a casa in lacrime ma fiera di me.

Effetti sull'anima del cantico renatense.

Parlo di Renato, anche quella scelta fu dettata da un indole che fu ciò che era stato comunque scritto sulla mia lavagna bianca (in psicologia si dice che i primi 5 anni di vita, per chi ci insegna, sono come scrivere su una lavagna bianca e ciò che sarà scritto corrisponderà a quelli che saranno i principi e le reazioni le fondamenta del carattere ecc..." A suo tempo dalla mia famiglia, per cui, anche se costose di animo, le mie scelte andarono in direzione opposta al gruppo, e Renato rientrava in quelle scelte e nella lealtà che mi hanno insegnato e lui sosteneva. Il giorno del bivio non lo dimenticherò mai, e te lo racconto con lo scopo di farti capire se sei genitore, quanto la tua influenza sia importante per segnare il male e il bene, se sei figlio te lo racconto perché tu capisca quanto è importante seguire il proprio percorso e non quello degli altri, si può fare, io avevo 14 anni.

E comunque siamo stati sostenuti dai nostri "idoli" erano speciali e molto profondi, Renato lo considero ancora un privilegio, l'averlo ascoltato mi ha migliorato sicuramente le possibilità, sono veramente stata fortunata. Lui un mito davvero, era un pioniere inconsapevole ha anticipato il mondo di venti anni! Coraggioso, fiero, travolgente e istrionico davvero super n 1! Umberto tozzi, che come dipingeva l'amore lui, che cosa affascinante! Pino Daniele, Antonello Venditti, Lucio Dalla, Claudio Baglioni, che anni...

Qualche pazzoide di colore allegro: Camerini, Ivan Cattaneo Alberto Fortis; Gianni Togni le grandi donne muse ispiratrici: la grinta e la bellezza Loredana Bertè, per noi cresciute con Loretta Goggi, Raffaella Carrà, Heater Parisi, Mina, Mita Medici, Catrine Spak. Le donne più affascinanti del mondo che abbiamo sempre sentito un po' nostre sorelle maggiori e irraggiungibili, e che ne pensate del trio Jannacci, Gaber e Fò! Alla stazione centrale di Milano c'è un mega poster dei tre insieme, da pelle d'oca. Che classe gli anni 80!

Dirò in seguito le stesse cose che i miei genitori dicevano a me? Che adesso non c'è paragone, che è tutto brutto mentre al mio tempo era uno spettacolo continuo, effettivamente... se vi volete andare a vedere i Sanremo anni 80 fino a meta 90, a questo giro temo di avere ragione. Artisti stranieri ospiti del calibro U2, EMY STEWART, RAY CHARLES, BOWIE, STING, TINA TURNER, DONNA SUMMER e cose di un altro mondo!

La cosa più pazzesca in assoluto, è certamente che mentre noi adolescenti vivevamo la magia del momento, in Italia c'era il peggio della storia politica mondiale, erano gli anni delle stragi, Aldo Moro era appena stato ucciso, c'era la P2, GLADIO, la CIA, il SISMI, e noi che abbiamo paura oggi di essere spiati, allora non vedevamo nulla, così il Paese è stato inondato di alcool e droga, visto che a scuola noi ci siamo andati si trovò una trappola che ne prendesse più possibile, rendendo lo "sballato" il duro, il mito che se ne fotte. e affascinante.

Merda! Che grande abbaglio!

Operare su ciò che è stato corrotto

La libertà di essere se stessi

Che tu ci creda o no, una persona libera, non ha vizi e anche poche abitudini, o angolo comfort come si dice oggi, e ha il cervello che comanda gli altri organi e non il contrario! Immaginati come sarebbe se la gente non mentisse più, e fosse normale credere che ciò che ti dice il tuo prossimo sia tutto vero!

"Come sto' con questo vestito?"

"Fai cagare, ti fa una panza da 24 mesi come il prosciutto di Parma, non è adatto a te".

Pensa come sarebbe tutto più semplice. Allora incomincia tu! Leggi mille libri, le doti comunicative vanno allenate. Ed è sempre lo stesso principio, non fare agli altri ciò che non vuoi sia fatto a te stesso!

Questa regola basterebbe a cambiare il mondo Ti fa piacere se qualcuno ti prende in giro?

Se ti racconta ciò che non è? Se chiedi consiglio e la persona prima di dirti ciò che farebbe, considera in pro e contro i propri tornaconti? Le persone che non sono sincere, poi sono quelle che parlano alle spalle, ti fa piacere se lo fanno a te? La caratteristica inoltre delle persone libere è che il cervello, oltre che comandare gli altri organi, sa andare avanti per il suo percorso personale senza invidiare chi ha percorsi diversi, si applica davvero sul proprio cammino. Nulla è più forte di te, a meno non sia ciò che tu vuoi! Dillo quello che pensi! Non cedere al ricatto di piacere, sii persona! Abbi un carattere! Abbi idee tue! Sii leale anche se le 100 persone che condividono la tua esperienza non lo vogliono essere!

La paura è un nascondiglio dove i giusti e i leali non entrano mai! Rispetta le idee di tutti ma usa le tue! E comunque confrontati con gli altri, c'è sempre da imparare. Ed è meraviglioso quando qualcuno ti insegna qualcosa! Documentati su tutto, oggi è facile, e decidi sempre con la tua testa, dovessi anche essere l'unica del tuo gruppo/famiglia ecc. Mai seguire gli altri senza sapere il perché ..ogni convinzione seppure errata per te, per qualcuno ha un senso, quello che deve avere per partecipare o non, lo sia per te e basta!

E renditi conto che anche da ieri a oggi, mentre mancava un quarto di milione di persone alla vita, tu sei vivo!

Nota: se sbagli, tu pagherai sia che tu abbia seguito le orme di qualcuno, sia che la scelta sia farina del tuo sacco, tanto vale provarci e mettersi in gioco! Non alterare la tua mente con agenti esterni, prova con la gioia e l'entusiasmo, certo è che se non accetti la rabbia e la tristezza di alcuni giorni non puoi comprendere la differenza!

Nota: Il saggio esige il massimo da se. L'uomo da poco si attende tutto dagli altri (Confucio V sec. a.C.)

Operare su ciò che è stato corrotto
L'unica certezza della vita

Se la tua vita finirà per malattia, avrai il privilegio del preavviso. Potrai pianificare a chi lasciare i tuoi averi, chiedere scusa a qualcuno, dire una cosa che volevi dire 20 anni fa e che non dicesti. Puoi toglierti qualche sassolino dalla scarpa se lo ritieni opportuno! Se non rimarrai bloccato e incattivito dalla paura. Ho nella mente una famosa scena di Fantozzi.

Gli dicono che deve morire, lui desidera fare ciò che non ha mai fatto: mangia 4 kg di cozze crude, multa e rimuove un carro attrezzi parcheggiato in doppia fila, fa una mostruosa puzzetta in ascensore, e scrive su un muro viva la fica! Puoi fare un resoconto della tua vita e mangiare le ultime cose malsane, o forse quel giorno anche una verdura lessa può farti comprendere il piacere di mangiare, uno dei piaceri della vita!

Che quando stai per perdere, apprezzi di più forse, oppure vai di salame e cotechino? Ebbene oggi sei vivo! Sei in un corpo umano, mangi bevi dormi, ami e sogni di costruire qualcosa, hai mille progetti, e non sai quando finirà, non sai ciò che potrai realizzare, o se c'è una scadenza sul tuo nome?

Magari, comunque non la sai. Sai cosa è il distacco, atroce fine degli abbracci, delle parole, tutto quello che ti rimane dentro degli altri quando se ne vanno così lontano, ma non sai cosa sarai tu, quando andrai, sai che prima o poi andrai ed l'unica certezza della tua vita. Forse è anche quella è vita, quando ricordi qualcuno con amore, gioia e affetto, quello che rimane di una breve o lunga vita terrena è semplicemente cosa lasci e non si dissolve fino a che chi ti ama è in vita, non certo lasciti materiali.

Facile lasciare case auto ed euro, prova a lasciare altro se ce l'hai! Torniamo alle leggi nuove da rispettare per essere una brava persona, partendo da: non fare agli altri ciò che non vuoi sia fatto a te, e arrivando a una frase fatta: vivi come fosse l'ultimo giorno! Tuttavia è la massima espressione del bigottismo che portiamo dentro, perché siamo in grado di comprenderne il significato come una somma realtà e non in grado di metterlo in pratica. Quando muore qualcuno all'improvviso la si ricorda, poi si ricomincia con le stronzaggini a lungo termine! Sai di avere buttato tempo qua e là nella spazzatura, perché credi di averne in abbondanza ed è proprio quello che non puoi sapere, quanto tempo hai?

Puoi arricchirti e diventare il cadavere più ricco del cimitero se vuoi. Potrebbenon bastare per entrare nel cuore di qualcuno che ti ci tenga anche dopo, o credi di restare nella tua lussuosa casa o povera ma che adori, a fare il fantasma delle catene? Per questo preghiamo, in alcuni momenti della vita tutti, il salto nel buio fa paura dal primo giorno in cui ne prendi coscienza, pur essendo nella vita l'unica certezza che hai: Il giorno dopo l'ultimo; ci sono migliaia di libri, informazioni di ogni sorta, eppure nessuno che conosco è mai tornato a dirmi cosa è: "il poi", eccetto la storia di Gesù, alla quale, considerando a cosa ha portato, non riesco a non credere.

Rammento un'altra strepitosa scena di "Fantozzi va in Paradiso": dirottano l'aereo che va in paradiso e Fantozzi si trova davanti a Buddha e gli dice che si era faticosamente guadagnato il paradiso nell'altra amministrazione, Buddha risponde che lì non c'è il paradiso e che si deve reincarnare fino a che non sarà puro! Certo che ho le mie confuse idee; non capisco come tanti le possano scrivere con affermazione, a meno che non siano andati e tornati, dopo Gesù non lo ha fatto nessuno.

Sicuramente posso parlare della vita, che la conosco e permettermi di condivi- dere su questa un pensiero: Se siamo qui, qui è lo scopo più importante e certo non ha a che fare con le ricchezze materiali, né denaro e potere, anche se, spesso il denaro rappresenta un punto d'arrivo e può anche essere usato per il bene, se c'è il bene, anche il denaro può essere bene! Essendo certa che non si possono portare con sé i beni materiali, e che lunghi e distesi siamo tutti uguali. Senza denaro di sicuro, quello che riesci a capire nel percorso della vita lo apprendi sempre in situazioni di difficoltà, ed è sempre racchiusa nella sofferenza l'evoluzione dell'individuo.

Credo spesso che la missione sia provare amore e gioia pur sguazzando nei problemi della vita, e nel momento della ricchezza, se capita, essere in grado di condividere con gli altri.

Condividere per me significa, potere creare situazioni che aiutino l'evoluzione altrui, non direttamente ma dando uno stimolo, una possibilità al posto dell'abitudine dell'egoismo di pensare solo per sé, o comprare oggetti che rimarranno per sempre terreni con l'unica evoluzione di rusco terreno. Un giorno domandai a mia madre se gli angeli facevano la cacca, la misi in grande difficoltà, ero presa ad analizzare la questione del paradiso terrestre.

Che se esistesse davvero, non torno più!

E comunque, visto che nessuno sul serio sa un beato cz, faccio, da me, come mi pare: Si, voglio credere che il primo giorno dopo l'ultimo mi vengano a prendere i miei genitori, e mi portino in un prato pieno di fiori, come il prato di Heidi, li troverò i miei nonni, zii e cugini che mi indicheranno un luogo ancora più bello dove troverò tutti i miei animali e li riconoscerò uno per uno, senza dubbi, pur essendo angeli e li arriveranno tutti i miei amici che ho perso qua, negli anni. Sarebbe un bell'incontro da champagne e americano ma ahimè quel giorno non lavorerò più, anche se, considerando ciò che è capitato a Fantozzi, non mi stupirei se qualcuno mi mettesse dietro a un banco a fare da bere e magri a scegliere i prodotti da utilizzare, cioè faccio anche la spesa. Poi mi aspetto qualcuno che mi mostri gli errori della vita commessi, e i risul- tati positivi, come la gara agenti più o meno, o quei bei tabelloni con le diverse materie della gara di cocktail! In base ad un incrocio di punteggi, probabilmente per non consegnarmi una laurea con un voto basso basso, mi sarà consigliato di ripetere tutto da capo e usare gli insegnamenti appresi, poi si riguarderà il punteg- gio. Quindi prenderò atto che i miei amici con i relativi genitori, i miei parenti ed i miei animali, aspettavano me per fare tutto da capo.

Evidentemente servirà un po' a tutti alzare il punteggio. Mi sa tanto che i miei nonni si rimbeccano le due guerre mondiali, o forse anche dietro a questo c'è qualcuno che deve alzarsi un punteggio, speriamo (magari Mussolini Badoglio, Savoia e Hitler).

Spero che quelli della mia squadra non cambino di molto perché a me con tutti i loro difetti, sono piaciuti tutti un sacco.. Guardo le righe rosse sull'estratto conto dei miei fatti e credo che una ripetizione può assolutamente cambiare il risultato. Ci prendiamo una settimana di vera pausa per stare tutti insieme, una cosa spa- ziale, il vero benessere dell'anima, tutto risolto, tutti insieme pronti per migliorarci l'un l'altro, non ho ricevuto denari, quindi la conferma che non erano quelli che mancavano c'è, si vede che non fanno punteggio. La seconda settimana prendiamo accordi minuziosi sul come aiutarci l'un l'altro a superare i propri limiti per non ricadere negli errori già fatti, e partendo dal 1899, data di nascita dei nonni e 901 della nonna Bina, mentre io cerco di capire i tempi, mi spiegano che ciò che per noi è lungo e contato in anni di 365 giorni, in realtà, che è quella del cielo, è un istante!

Beh, io sono l'ultima arrivata, ancora carica delle lungaggini terrene, e fatico un attimo ad apprendere questo concetto, poi tutto ad un ad un tratto è come se mi entrasse dentro, è tutto chiaro! Un soffio, un istante, una bolla di sapone che va da A a B, e di nuovo saremo qui tutti insieme. Mi spiegano poi che con piccola logica si può comprendere come mai tutto questo non può rimanere in memoria… e lo comprendo, deve arricchirmi la consapevolezza dell'anima al fine di saperlo anche se non lo so. E mi rendo conto che veramente ho la sensazione del ritorno a casa la, dopo i primi istanti degli incontri, ho preso padronanza e sicurezza, quello che cerchi di costruire tutta la vita senza sapere che arrivi e già lo sei.

Mi pare così normale essere lì con tutti quegli amici per i quali ho finito le lacrime quando non credevo nemmeno di sapere come si faceva a piangere, gli zii, la mia vita di insegnamenti, i nonni sempre dolci e belli più del sole, con i miei genitori al fianco, e le mie amate bestiole compagni di vita, non ho più paura di nulla davvero, anche se, finalmente a casa riprendo fiato e comprendo la logica che in terra in fase di lutto non si comprende, me lo rammentano tutti insieme: quando torni qua, c'è un taglio secco con la terra, diversamente si chiamerebbe inferno. Abbiamo 24 ore circa, perché Dio non è fiscale, per dissolvere l'attaccamento che in tale tempo diviene la consapevolezza che chi è in terra, noi lo aspettiamo qui, e che senz'altro arriverà!

Certamente una parte di noi rimane al fianco dei componenti la nostra "squadra", soprattutto quando ci arrivano quelle tue ondate di amore, che dalla terra sono tanta roba. Quindi ci siamo come possibile sempre stati, l'amore che ci hai inviato dalla terra ci ha alzato il punteggio di parecchio, il che fa sì che Dio ci conceda un'altra meravigliosa" sessione" tutti insieme! Nel passaggio torni celeste e nello stato in cui sai che le persone stanno facendo il loro percorso, e noi non possiamo interferire se non quando siamo in vita con gli insegnamenti da lasciare agli altri. Interviene il babbo: ti ricordi quando ti dicevo: "tu devi sapere chi sei, non arriva uno stronzo e te lo dice".

Ho cercato di infonderti sicurezza, concordando con la mamma ancora prima di partire, nel momento in cui si fanno queste cose. E infatti quella notte che sono partito, che ho ritrovato la consapevolezza delle reali cose celesti, sono andato via tranquillo perché avevi basi solide e sapevamo che avresti condotto il tuo cammino fino a dove dovevi arrivare,

Come già senti, di qua sai che la cosa più brutta che può capitare è tornare qui, e non è brutta affatto. La mamma: "vedi come sto qui? Io sono questo per l'eternità, quello che c'è stato là, è stato la nostra prova, ci siamo fatti crescere l'un l'altro, come faremo la prossima volta e sai che tutti insieme siamo una gran bella squadra, piccola mia, amore mio, in qualsiasi forma l'unica cosa che cambia in meglio è il volume dell'amore fra di noi, e grazie a tutti con l'ultimo giro si è alzato veramente tanto!"

"Si, ho capito, avete anche qua ragione voi, non ne potevo più laggiù, ed è corretto che tutto ciò che ho sbagliato diventi qualcosa che ho imparato, e addirittura io possa verificare l'apprendimento della lezione." È una grande opportunità davvero! In queste due settimane insieme a tutti i miei cari, ho compreso cose che laggiù mi serviranno moltissimo, fra le quali quanto è normale l'intreccio delle nostre anime, il bene che ci vogliamo tutti sul serio è effettivamente sovrumano, anche se ce ne siamo voluti in terra altrettanto con tutta la squadra.

Una delle cose più strabilianti che ho rivisto, è che alcuni di noi ripetono per stare con gli altri, ed essere di aiuto, potrebbero non farlo, effettivamente la performance può essere misurata solo se ci siamo tutti, e onestamente, non pesa tornare con tutti, anzi. Io sono fra quelli con il punteggio basso da migliorare e se non venissero tutti non potrei certo riuscire! Sono piena di entusiasmo e so che tornerò qui, bene o male, credo veramente di averlo appreso così forte da non potere mai più avere paura, neanche della SORIT!

Un soffio, profumo di fiori intenso, gli occhi negli occhi con tutti, come dire, a fra poco di nuovo 1969 e mi rimetto in gioco!

Nota: Vivi come avresti voluto vivere in punto di morte (Confucio V. sec. A.C.)

Operare su ciò che è stato corrotto

E se Dio ...

Opinione personale: immagino spesso il nostro Dio, Buddha, Maometto, Allah, Geova, Confucio e gli altre divinità, come se fossero un unico Dio, che si è dovuto "armare "di "esperanto religioso" per potere comunicare a tutti gli uomini a seconda della loro cultura, fatta dall'uomo, perché per Dio, un nostro spigolo si chiama angolo! Già che i principi fondamentali sono espressi con gli stessi concetti in parole e ovviamente lingue diverse. Poi l'uomo, l'unica razza animale malvagia sulla terra, ci ha pure fatto guerre e persecuzioni, come se i Dii* fossero politici, conquistatori di terre e cose che sicuramente non appartengono a nessun Dio!

Come se per essere fedeli servisse un marchio politico Credo si che la politica sia nata come copia dalle "fazioni religiose", le quali non appartengono certo a nessun Dio. L'unica cosa che fatico veramente a comprendere è: con tanti animali meravigliosi, perché Dio ha scelto l'unico animale prepotente e malvagio?

Effettivamente per ogni religione ci sono massime importanti e i dieci comandamenti si trovano espressi anche in storie diverse o parallele da quella di Gesù. Magari proprio per questo ci ha scelti, per dissolvere la nostra malvagità innata. Non esiste un animale malvagio, non c'è nulla da curare, se non a livello fisico, nell'animo degli animali. Il capo branco ha più responsabilità nei confronti dei suoi, rispetto ai nostri capi del popolo, che di come vive il popolo non sanno nulla. E di qualsiasi "fazione "tu sia, bestemmiatore oppure no, nel momento del bisogno preghi il tuo Dio. Magari Lui ti risponde del perché ti trovi in quella data situazione e che se hai fede non devi avere paura ma andare avanti con il coraggio nel cuore, il coraggio è amore e l'amore è fede. Siamo in grado di ascoltare questa risposta?

Se Dio ci avesse dato un compito sulla nostra evoluzione, da compiere, e per compierlo dovremmo passare proprio da quella "curva" dove invece ci fermiamo a supplicarlo di cambiare le cose? E magari ci aveva avvisato che sarebbe successo... e noi gli dicemmo con garanzia scontata che non avremmo esitato, che avremmo raggiunto gli obbiettivi preposti. Quindi Lui ti ascolta, e non può fare altro che aspettare che tu riprenda il cammino, magari un calcetto nel sedere te lo dà sperando si tramuti in forza.

Certo è che noi grandi esperti di oroscopi lo potremmo chiamare Saturno o Giove, Uno che si comporta in tale modo. Solo quando vinci credi che il tuo Dio sia presente, invece io credo che ci sia soprattutto quando perdi, a darti il coraggio di imparare la lezione, di ripartire senza indugi, di provare amore, di chiedere scusa quando sbagli, di rialzarti come il Suo eroe! Quando rifai lo stesso errore ciclicamente e ti rifermi nella stessa "curva" per l'ottava volta a chiedergli di cambiare le cose? Non credo che ti dica cose come: brutta testaccia, avevi promesso che non avresti ripetuto l'errore e invece non impari niente zuccone, ti faccio ripetere l'anno!

Questo saremmo noi. Lui, io credo che ogni volta ci abbracci più forte per darci la forza che ci occorre, anche se, comunque, quella forza deve uscire dall'uomo, e quei problemi l'uomo deve risolvere in quel dato cammino. Qualcuno dice, inoltre, che quando riesci poi a fare la stessa "curva" senza esitare, con l'amore del coraggio della fede nel cuore, Lui finalmente ti permetta di tornare la. Ed è una cosa qua malvista, diversamente invece di piangere faremmo le feste ai funerali, se non avessimo questo accanimento morboso del possesso, molto difficile da superare, serve una gran fede, coraggio, amore. Io stessa, quando al funerale di mia mamma il prete ha detto "nostra sorella" ho rischiato di prenderlo a parole durante la funzione, il dolore della perdita, avrei urlato "sorella di chi?

LA MIA! MAMMA". Non so davvero come ho fatto a trattenermi. Inutile dire quanto ad ogni funerale le parole dei sacerdoti, di qualsiasi genere siano state, a me hanno sempre fatto l'effetto della benzina sul fuoco. L'attaccamento umano è una cosa molto difficile da superare... Chissà, sarà anche questo tipo di dolore parte della nostra evoluzione? Sicuramente prima e dopo la perdita dei genitori, per fare un esempio grave, non sei la stessa persona. A qualsiasi età e soggettivo alla persona, sarà che certe pagine da girare sono pesanti come un macigno, anche se di questo ho le prove, rimane tutto quello, che le persone ti hanno lasciato di vero, non certo di materiale. L'amore rimane, al punto di trovare il coraggio di procedere nel nostro cammino!

*Perché DEI è un'altra cosa, il plurale di Dio non me lo passa nessuno come concetto, ma se esistesse sarebbe Dii!

Operare su ciò che è stato corrotto
Papa Francesco

Carissimo Santo Padre, Le ho scritto più volte, senza ricevere risposte. Ovviamente immagino che ci sia un po' di corrispondenza da smaltire, tuttavia il fatto che c'è qualcuno che decide cosa deve leggere e cosa no mi disturba assai pur essendo assolutamente comprensibile, diciamo che la sento anche il "mio papa" e mi ingelosisco un po. Ho bisogno di capire in che posizione è la chiesa verso l'uomo, se la chiesa è come Lei meravigliosamente la rappresenta o è rimasta come era prima, e approfitta dell'immagine che Lei offre al mondo. Ho bisogno di sapere perché la chiesa non è intervenuta nella questione RSA, i non vaccinati non sono potuti stare accanto ai loro cari pur con tampone negativo, e i vaccinati sono entrati, senza tampone alcuno nelle RSA pure con il Covid, a contagiare liberamente gli stessi anziani. Mia mamma aveva 93 anni, su carrozzina, non parlava.

Mi aspettavo un intervento da parte della chiesa, poi è grandemente intervenuto Dio, ed è venuto a portarla con sé, privandola della sofferenza, della solitudine e del dolore. E se non altro, in ospedale mi hanno lasciato stare con lei, e sono riuscita ad accompagnarla dove doveva andare. A parlare con Lei quindi possono venire solo quelli che un tempo si chiamavano patrizi? Anche se discutibilmente mafiosi, viziosi ecc. basta un buon nome, conosciuto ai media? Chi decide, chi può venirci, che canoni segue?

Chiedo perché ho visto le prime file di alcune Sue udienze e mi pare proprio che non sarò mai la benvenuta, me ne dispiaccio, tuttavia se quello è il target, sono fiera delle differenze. Anche se mi domando: cosa ne è rimasto di Gesù

Cristo? Parlava a tutti, soprattutto ai poveri e malati, il periodo delle mascherine, sulle immagini vaticane a me ha fatto un gran brutto effetto, per fortuna io non sono Lui, so per certo che avrei creato problemi seri.

Gesù che frequentava i lebbrosi e il vaticano che da udienza solo ai signori, quelli con le mani in pasta, ai quali non affiderei il sacco del pattume da portare al rusco.

Lei, Santo Padre, ha rivoluzionato molto piacevolmente il bigottismo costruito dall'uomo con lo scudo quando fa comodo della chiesa, tutto il mondo glie ne è grato e anche io, nonostante tutte le lamentele che scrivo, tutte cose vere. A maggior ragione la supplico di dare un'occhiata, perdonando qualche parola salace, alle problematiche dell'uomo che ho descritto e DICA LA SUA!

Sinceramente, rileggendo la storia, me pare che l'uomo sia come livello interiore, pari al pedone dalla "scacchiera di dama" quando riesce solo a fare due mosse, e le fa anche se la partita è persa sperando che l'avversario per noi sbagli mossa. Cattiveria e desiderio di potere, poi fa una famiglia e non può più confrontarsi con sé stesso. Qualche attimo di esitazione davanti agli occhi e all'avvenire di un figlio, poi ricorda che è anche erede, e torna cattivo, poi ha paura ed esita di nuovo, la palla abituale gli arriva di nuovo nei piedi ed è l'unica che sa calciare e torna lì: potere e denaro. C'è un grande numero di gente buona, come si è sempre detto, tuttavia il male fa più rumore, e a oggi ne fa tanto davvero!

Solo il fatto del razzismo, pensi se gli animali si fossero mai permessi di compiere un pensiero così assurdo, ho visto cani fare partorire gatte ed aiutarle nelle pulizie dei piccoli, la famiglia allo stato puro, le assicuro che sono molto meglio dell'essere umano! Ho visto anche, documentari di leonesse allattare cuccioli di gazzelle e la lista è infinita. L'uomo che parla di parità, poi da piccoli veniamo noi educate a soccombere e loro uomini educati a prevaricare, e si continua a fare così. Non si cambia una mentalità radicata, bisogna lavorare alle radici della questione! Poi certamente, in età moderna, le donne si rivoltano e succede quello che porta a milioni di manifestazioni nel mondo, senza riuscire a cambiare la radice del problema. Mi scuso se ho padroneggiato la conversazione, girando in qua e in là, non so cosa darei per sentirla a prescindere e al riguardo. La storia della chiesa non è idilliaca, riguardo anche gli ultimi 100 anni di storia, ci sono molte cose che andrebbero chiarite. Tutti vedono in Lei uno che lo può fare, non per potere, che considerando il suo ruolo è come quello di chi lo ha preceduto, ma per la sua grande coscienza, che pare assolutamente di qualità superiore a un istituzione e alle vigliaccate medie umane di chi scappa e nasconde le polveri sotto i tappeti ecc.. Non si può più tacere. La abbraccio forte!

Operare su ciò che è stato corrotto
L'uomo come mai lo abbiamo visto
TUTTI A CASA!

Ebbene, se si fosse riusciti ad arrivare fino a qui il resto va da solo.. Dopo la pulizia politica profonda, il disarmo totale, si arriva al giorno di: "tutti a casa" e reciproca collaborazione per "il bene dell'umanità e del tramonto." Da qui, il passo successivo è spontaneo. Se togliamo i guerriglieri, le armi e il potere, possiamo togliere anche il denaro, il quale non mi è sembrato che mai abbia incrementato l'uomo positivamente!

Il denaro non sarà più ambizione di nessuno, non servirà più, la gente del grande popolo lavorerà tutta mezza giornata e produrrà ciò che serve al popolo. Senza più l'ambizione e l'utilizzo del denaro, spiccherà casomai per doti umane e convivialità. Tutti dovranno lavorare mezza giornata e avranno sempre ciò che occorre, compresa una casa e delle cure là dove servono, dei vestiti e cibo. L' in più sarà dismesso sia per spreco di risorse che di tramonti, il nuovo motto sarà: "ho tutto ciò che serve e non mi manca nulla". Leggere tutti i libri da che esistono, con grandi raccoglitori per quartiere:

Prendi Leggi e Riporta! Quindi non so se hai capito bene il valore di questa proposta, sappi che per riuscire deve andare bene a tutti! Chiusura delle banche in tutto il mondo, i soldi saranno bruciati per non fare pattume e tutti insieme, continueremo a lavorare per ciò che serve garantire a tutti in funzione di ciò che sappiamo fare, dividendoci il lavoro utile al fine di rispondere al fabbisogno mondiale di tutti lavorando mezza giornata.

I bancari, i commercialisti e gli avvocati, i tribunali troveranno arti alle quali dedicarsi, magari cucineranno, con più gioia di ciò che facevano prima, che non serve più. L'obiettivo primario è acculturare l'uomo ed abbandonare totalmente i tarli che da milioni di anni invece di popolo ci fanno nemici l'uno dell'altro. La terra è di tutti e chi ci vuole stare ci stia, sarà compito dei governi distribuire ciò che serve la dove serve, sempre gratis e lavorando mezza giornata . Togliendo il peso del rubare e di arricchirsi alle spalle di qualcun altro, sarà tutto molto più facile da fare funzionare e potremmo recuperare anche il clima con estrema facilità.

Le tette finte e le punturine non ci saranno più, per spiegarci meglio, cosi come le slot, le lotterie e le schedine di ogni sorta. Le droghe e le sigarette sparite e l'alcool sarà prodotto in forma di necessità, quindi sia alcolici che vini ridotti notevolmente. Sarebbe un bello scherzetto.

Vediamo quanti misfatti dell'uomo si annullerebbero con questo sistema:

- *Caste sociali - arrivismo - speculazione - disonestà - prepotenza - menzogna*

- *falsità di intenzioni - guerre - inquinamento - spreco - clima - natura - compe-ti- zione - politica - mazzette - partiti politici - ignoranza di ogni genere - dipendenze*

- *distorsione della realtà.*

Sei sicuro che sia troppo per provarci?

Operare su ciò che è stato corrotto

La Generosità

Generoso è colui che è abbondante nel ricompensare e nel donare, chi condivide volentieri con altri ciò che ha, esprime nobiltà e grandezza d'animo, e dimostra queste qualità dedicandosi ad una nobile causa dando prova di coraggio e altruismo. Tipo tutti noi, che a partire dalla prima gita in auto del mattino per andare al lavoro, pure in fila spesso non facciamo passare chi deve immettersi in corsia in quanto temiamo che ci rubino il posto! Sono cose sicuramente inconsce, chiunque ragionasse non lo farebbe. Io lascio passare e mi suonano e bestemmiano dal finestrino, ignari del fatto che la fila che seguiamo non si è mossa di un centime tro.

Regalare, donare senza pensare minimamente a cosa può venirti in cambio, è generosità che fa stare più bene chi da di chi riceve, perché dare è una cosa divina e meravigliosa, e l'atto del donare è la prova concreta che riesci a metterti nei panni altrui e dai ciò che vorresti ricevere dagli altri. Purtroppo a seconda di quanto pratichi questa divinità avrai brutte cose indietro, pare che non sia affatto umano donare e quindi i riceventi spesso si comportano molto male, ti fanno i conti in tasca, pretendono, provano ad usarti a loro piacimento senza pietà.

Le prime volte fa più male, poi capisci che portare una persona che non ci arriva ad un gradino non alla sua portata, nonostante sia spontaneo, non è un gesto intelligente.

Un po' come mettere l'acqua di una bacinella in un vaso da notte. Ci si gira dall'altra parte e si continua ad essere se stessi, una volta capito il meccanismo è un attimo cambiare binario. Mediamente le persone generose sono circondate da animali da affezione e sono quelle che portano a casa la qualsiasi bestiola, anche se, in verità sono le bestiole che vanno da queste persone, quel sesto senso che funziona solo nella purezza d'animo, agli animali non sfugge nulla, sanno sempre chi hanno davanti, e ci regalano la loro purezza forse al fine di farci continuare a credere che si può tentare. E così donare a gatti, cani, agnelli, ricci, piccioni, passerotti, pipistrelli, maggiolini, topolini, conigli, e chi altro vuole arrivare, non tiene conto della tua tasca. La tasca è a dir poco ininfluente, desideri curare e soddisfare le necessità primarie degli angeli e farai l'impossibile per riuscire. Con gli animali ne vale sempre la pena!

Sarebbe bello poterlo fare anche con le persone senza farsi sbranare, il disegno sopra ben descritto è a favore di questo. Essendo l'uomo di animo contorto poco sincero e corruttibile, se togliessimo ogni male potremmo provare a dare un significato diverso alla vita e apprezzarla finalmente per quello che è, dalla mattina alla mattina per ogni giorno che abbiamo dentro da spendere e per il nostro corpo, amandolo in qualsiasi modo esso sia fatto, senza più stabilire dei canoni esteriori cretini che con la persona non dicono nulla ed evolvere cosi la nostra anima.

Addirittura lo mutiliamo per ficcarci le plastiche dentro, ci facciamo tirare la pelle come i tamburi ma non suoniamo, ci cambiamo il colore degli occhi, lo specchio dell'anima ha già il suo colore, quello giusto! Dovremmo essere sempre grati del corpo che abbiamo, se volessimo scorgere la sua perfezione e i nostri maltrattamenti, il nostro darlo per scontato come neanche fosse stato un dono, peraltro un dono molto generoso. Il corpo stesso si erode dal maltrattamento, dalla infelicità e dai sentimenti di cattiveria.

È il primo fra i nostri doveri terreni custodirlo bene, non posso dare nulla a nessuno se io non sto bene. Il custodirlo con amore, fa esso stesso parte della generosità che potrai usare nella vita. Il generoso sta sempre bene e sta cosi bene ancora di più quando riesce a condividere il suo bene con altri. Mi permetto un esempio immortale:

Operare su ciò che è stato corrotto
Madre Teresa di Calcutta

Donna straordinaria che lasciò all'intera umanità una ricchezza inestimabile. Nata il 26 agosto 1910 a Skopje, la più piccola di cinque figli. Perse presto il padre e la sua famiglia si trovò in serie difficoltà. La madre Drane allevò i figli con fermezza ed amore, influenzando la formazione religiosa della figlia, anche grazie alla parrocchia Gesuita del sacro cuore vicino casa dove era attivamente impegnata.

All'età di 18 anni Gonxa, questo era il nome di Madre Teresa, desiderosa di diventare missionaria, lasciò la sua casa per entrare nell'Istituto delle suore della Beata Vergine Maria in Irlanda, dove ricevette il nome di Mary Teresa. Poi partì per l'India, arrivando a Calcutta il 6 gennaio 1929, dove prese, due anni dopo, i voti temporanei.

Suor Mary Teresa fu mandata alla scuola per ragazze, come insegnante, e il 24 Maggio del 1937 prese i voti perpetui divenendo "sposa di Gesù per tutta l'eternità". Nel 1944 diventò la direttrice della scuola. Madre Teresa era conosciuta per la sua grande generosità, carità e coraggio. Instancabile lavoratrice e con un attitudine naturale per l'organizzazione.

Il 10 settembre del 1946 per il viaggio di ritiro annuale, in treno da Calcutta a Darjeeling, la Santa Madre ebbe la cosiddetta "chiamata nella chiamata". Gesù Le chiese aiuto per l'incuria sui poveri, le chiese di essere la Sua luce, e di non potere andare là da solo, le chiese inoltre di fondare una comunità religiosa: LE MISSIONARIE DELLA CARITA', dedite al servizio dei più poveri tra i poveri. Ci vollero due anni prima che la Santa Madre ottenesse il permesso e il 17 agosto 1948 madre Teresa indossò per la prima volta il sari bianco bordato di azzurro.

Dopo un breve corso con le suore mediche, si recò a Calcutta dove trovo alloggio presso le Piccole sorelle dei poveri e il 21 Dicembre iniziò il suo cammino per prendersi cura dei poveri. Curò ferite di bambini, anziani abbandonati, una donna che stava morendo di fame e di tubercolosi. Di li a poco si unirono a lei una dopo l'altra altre sue ex allieve,.

Il 7 ottobre 1950 la NUOVA CONGREGAZIONE DELLE MISSIONARIE DELLA CARITÀ veniva ufficialmente riconosciuta nell'arcidiocesi di Calcutta. Inviò le sorelle in altri paesi dell'India e incoraggiata dal sostegno di Paolo VI apri una casa in Venezuela nel 65, poi Roma e Tanzania, poi in tutti i continenti, e fra gli anni 80 e 90 anche nei Paesi comunisti.

Formò i " fratelli missionari della carità"; succedendo con il ramo contemplativo delle sorelle, " fratelli contemplativi" e poi i "Padri missionari della carità". Tutti uniti dai principi e dalla necessità di aiutare il prossimo, persone di diverse confessioni di fede, e nazionalità, che portò poi alla fondazione dei "missionari della carità laici."

Alla fine si contarono circa 4000 missionari con 610 case di missione sparse in 123 paesi. Quando ebbe il premio nobel per la pace, oltre che sottolineare che il premio non era per lei ma per tutti quei fratelli e sorelle che si occupavano della pace nel mondo, chiese di non fare la cena di gala dedicata, ma di donare quei denari al fine potessero essere usati per i poveri.

Una storia dall'India, dove la Santa Madre accudiva i moribondi in luogo aperto da lei che si chiamava casa Kalighat, con lo scopo di offrire ai moribondi una morte dignitosa, situato nei pressi del tempio della dea Kalì, venerata dagli induisti di tutta India. Questo fece si che non fosse gradita a molti indiani e scagliatole contro dalle proteste, un giorno il capo della polizia fu costretto ad accogliere le richieste di chiusura della casa e andò a farvi visita. Rimase esterrefatto dal lavoro della piccola suora, e dichiarò che la casa sarebbe stata chiusa a patto che i richiedenti fossero disposti a mettersi al posto della suora ed accudire i moribondi con la stessa dedizione e amore.

Qualche frase potente di Madre Teresa di Calcutta:

"Il giorno più bello? Oggi."

"L' ostacolo più grande? La paura." "La cosa più facile? Sbagliarsi." "L'errore più grande? Rinunciare."

"La felicità più grande? Essere utili agli altri." "Il sentimento più brutto? Il rancore."

"Il regalo più bello? Il perdono." "Quello più indispensabile? La famiglia"

"Le parole gentili possono essere brevi e facili da pronunciare, ma il loro eco è infinito"

"Quello che noi facciamo è sola una goccia nell'oceano, ma se non lo facessimo l'oceano avrebbe una goccia in meno"

"La gioia è molto contagiosa, quindi siate sempre pieni di gioia" "Chi, nel cammino della vita, ha acceso anche soltanto una fiaccola nell'ora buia di qualcuno non è vissuto invano" "Quando tu non hai niente, allora tu hai tutto" "La felicità è un percorso non una destinazione"

"Ieri è passato. Domani non è ancora arrivato. Abbiamo solo oggi: cominciamo" "Non è tanto quello che diamo, ma quanto amore mettiamo nel dare" "Non tutti possiamo fare grandi cose, ma possiamo fare piccole cose con grande amore"

"Non si è nudi solo per mancanza di vestiti, la nudità è la perdita della dignità umana, la perdita della meravigliosa virtù della purezza, così bistrattata ai nostri giorni"

"Se vuoi cambiare il mondo, vai a casa e ama la tua famiglia"

"Mai viaggiare più veloce di quanto il tuo Angelo Custode possa volare"

Operare su ciò che è stato corrotto
Caserme

Eccetto ovviamente quelle dei pompieri, carabinieri, polizia, finanza, saranno trasformate in aree verdi e giochi, a seconda degli spazi anche aree sgambamento cani, e percorsi per carrozzine. Per le aree interne, casini eterosessuali e omosessuali, solo dove non c'è un'area esterna utile per altro, scuole di cultura italiana, RSA, accoglienza animali.

Se non vogliamo le guerre iniziamo ad abolire i militari, soprattutto ciò che ci gira attorno, un anno partecipai a due gare d'appalto.

Con le armi si faranno musei, quelle piccole saranno regolarmente registrate e consegnate, alle donne che almeno una volta hanno denunciato la violenza di un uomo, e potranno utilizzarle senza paura. Le sarà offerto un periodo di tirassegno gratuito per padroneggiare l'arma, e fare centro al primo tiro!

Saranno sfrattati! Case gratuite con enorme budget per qualsiasi capriccio da parte del generale o suoi familiari, molto esigenti, tutto a carico nostro! E ricordo le pensioni non ancora a €. 1000 e R.D.C. , lo scandalo dei furbetti? È ora di finirla! Mandateli in America, a Londra, alla CIA, a fare in Q!

Nota: so di generali, che vivono a totale spese dello Stato, molto capricciosi, con servitù e addirittura brigata di cucina.

Operare su ciò che è stato corrotto
Guerre, e come assumere posizione di pace

Al di là sempre delle informazioni apprese, per le quali con estrema facilità oggi si riesce ad entrare in possesso, non c'è mai un carnefice e un santo! Ci sono due fronti che decidono a discapito delle reciproche popolazioni di distruggere e uccidere senza pietà per avere qualcosa di materiale che per loro è più importante della vita del proprio popolo!

E dove sarebbe il santo? Se invece avete studiato la storia dei paesi attuali in guerra e comprendete quanti idioti burattini siano coinvolti, altro che santi! L' America, che due palle la storia, anch'io preferirei essere più ignorante, starei meglio di sicuro.. Invece di incazzarmi come una iena di mano in mano che entro in possesso delle notizie vere! I comici o ex comici vanno banditi dalla politica mondiale e nazionale! L'America è da dopo la seconda guerra mondiale che è in allerta per paura del comunismo, qua ha usato logge mafie e DC, CIA, in giro per il mondo ha usato chi al pari dei nostri anelli deboli, a caccia di fama, potere e il solito denaro, si è fatto usare volentieri. Sebbene la seconda guerra mondiale sia stata risolta a favore dell'umanità grazie alla cooperazione fra America, Russia, Regno Unito e Cina, dove gli Ebrei in loco furono liberati dalla Russia!

Per la follia di Hitler seguito dal nostro carissimo Duce, se non ci salvava qualcuno, oggi l'Italia forse sarebbe ancora deserta. Ricordo anche che Gesù era ebreo, e la persecuzione atroce di quel popolo è avvenuta appena 70 anni fa. Dico che bisogna essere veramente stupidi, a farsi usare per il godimento di manco sai cosa! Servizi segreti di due fazioni, logge della merda, ma chiunque è disposto a vendersi se il prezzo è buono! Quindi se vuoi sapere informati come ho fatto io, il risultato è che la guerra in realtà è fra Russia: Putin, e America: entità senza nome ma con vari presta nomi: Biden / Zelensky.

LA MIA PROPOSTA

Costruiamo un ring dove si batteranno gli oppositori che danno origine ad una guerra: Facciamo tre round di 40 minuti, senza pause:

1° Putin e Biden, visto che chi è sopra Biden (visto che ci mette la faccia, facciamogli mettere anche il Q) non viene fuori, e potrà essere o Biden o il vero uomo decisionale, con documentazione che comprovi da Kennedy in poi. Senza para coglioni, guanti, caschi e paradenti.

Anche se gli cascasse un dentino se lo rimetteranno su come non può fare certo chi in guerra gli è cascato un figlio o un genitore, o la casa. Prima d'incominciare si tratta e si scrive cosa può ottenere il vincitore in entrambi i casi. Se non cade nessuno, si faranno altri round di 40 minuti fino a che uno dei due non molla, se crepano è uguale considerando quanta gente innocente è morta non credo sia un grave problema, e questo vale per tutti e tre i round.

2° un uomo selezionato da Putìn e un uomo selezionato dall'America. Stesse regole.

3° un generale russo e uno americano, stesse regole.

Nel frattempo Zelensky farà la ragazza con i numeri con tanto di costumino e giro sul ring, ridiamogli il suo mestiere, che sta comunque facendo vestito da capo nazione, creando problemi al prossimo e al mondo intero. Sarà sodomizzato dal vincitore che lo offra. Se uno dei due crepa, per ogni round porterà 50 punti al nemico, che crepando raddoppieranno. Se cade e non si rialza 30 punti; per ogni dentino o pezzo di dentiera che sarà sputato, 10 punti all'avversario; Per la riduzione a vegetale senza ucciderlo 60 punti all'avversario. Per ossa rotte, con radiografia in diretta proiettata su un grande schermo, 20 punti all'avversario e idem per tendini ciondolanti. Vincerà chi arriva prima a 300 punti. Nel caso di parità si prendono i sopravvissuti e si continua di 40 minuti in 40 minuti. P.S. Non è democratico che il mio Paese sostenga al punto di portare a San Remo il guerrafondaio Zelensky. Io non approvo che sia la vittima, e il mio Paese mi coinvolge come popolo senza chiedermi il permesso.

Democrazia un czz. Chissà quali interessi reali ci sono dietro questo, un uomo degno di tale titolo si sarebbe tirato in dietro e avrebbe risparmiato milioni di vite, che valgono molto più di ciò che si contendono sti' due idioti fra i quali non c'è la vittima, le vittime sono i loro popoli.

Il terremoto è un evento incontrastabile, considerando la merdosità umana di come abusivamente ha costruito le case in zone simiche, e ci sono altrettanti morti e abitazioni distrutte a causa sempre della mano dell'uomo, che si contende un pezzo di terra, un pezzo di pianeta che esiste da milioni di anni. E io mi dissocio dal mio Paese nel sostegno di sto coglione di Mrd, guerrafondaio, burattino della N.A.T.O.

Art. 11. L'Italia ripudia la guerra come strumento di offesa alla libertà degli altri popoli e come mezzo di risoluzione delle controversie internazionali; consente, in condizioni di parità` con gli altri Stati, alle limitazioni di sovranità` necessarie ad un ordinamento che assicuri la pace e la giustizia fra le Nazioni; promuove e favorisce le organizzazioni internazionali rivolte a tale scopo. E niente guerre mai più, lo stesso vale per tutte le nazioni che hanno un contenzioso e intenzione di risolverlo mettendo contro i loro reciproci popoli, non sarà più ne tollerato ne possibile farsi tirare in mezzo e farsi rompere i coglioni dai guerra fondai!

Operare su ciò che è stato corrotto
Eserciti militari di tutto il mondo

Si faranno lunghi corsi riabilitativi, si useranno tutte le religioni per spiegargli che non ci devono più essere persone che per impossessarsi di qualcosa mandano a morire giovani idioti e invasati di idee e finti ideali che non esistono! L'ideale più importante da ora in poi sarà la vita!! Uno che senza alcuna difficoltà ti chiede la pelle e se ne fotte sia dei tuoi genitori che dei tuoi figli e di tua moglie non può esistere più, da ora in poi si fa a scapaccioni con il proprio nemico e vediamo come va a finire. Ai militari sarà offerta un' opportunità in altro ambito con relativa formazione a seconda delle attitudini.

Il concetto da applicare più importante, sarà che nessuno è padrone di un czz, il pianeta è di tutti! Non si possono più sterminare le popolazioni per un pezzo di terra che esisteva già da qualche milione di anni, né per piantagioni, miniere d'oro diamanti e qualsiasi cosa è della razza umana che ci abita! Se tutto il mondo cambia il concetto e soprattutto se nessuno più si presta a sparare in faccia a qualcuno che non gli ha fatto proprio nulla, potremmo: eliminare le armi, produzione acquisto e vendita.

Eliminare gli eserciti perché nessun uomo da ora in poi sottovaluterà la sacralità della propria vita per il capriccio di un imbecille che non sa fare la SUA discussione con il SUO nemico.

Potremmo ricoprire il mondo di pannelli solari e, abbandonare il gas e magari evitare di sgonfiare il pianeta, considerando gli avvisi repentini di allarme catastrofi naturali, se solo le signorie loro degli stati smettessero di sostenere le mafie dei gas e petroli per salvare la terra.

Se smettessero gli stessi di pensare solo ad oggi, la terra non è vostra e deve servire per le generazioni future, perché la vita è bella e nessuno ha il diritto di cancellarne il futuro! La stiamo distruggendo pur predicando come al solito un sacco di fregnacce, poi si fa il contrario se no ci crollano gli interessi alti di ciò che distrugge un miracolo come il pianeta terra. Branco di stronzi!

Operare su ciò che è stato corrotto

Oggi il concetto di Pace è un bene universale

Siamo di volta in volta la conseguenza di chi è passato prima di noi. Siamo la conseguenza degli Etruschi, dei Sumeri, dei Babilonesi, anche i Babilonesi erano la conseguenza dei Sumeri. Hitler e Mussolini sembrano lontani ma non lo sono ancora abbastanza e se guardiamo la storia è esattamente un copione che si ripete, magari è rosso, magari è celeste o giallo, ma se leggi è sempre lo stesso copione, vedi Iraq cosa sta facendo con le donne. Un conquistatore di terre deve veramente credere di campare in eterno, deve essere per questo motivo un po' idiota, chi si oppone all'apertura e al cambiamento in ecosistema, deve avere lo stesso cervello bacato, stiamo finendo un pianeta! In poco più di cento anni, lo abbiamo disintegrato, e dritti eh, ci sono i più ricchi di un cimitero futuro che non mollano!

Le generazioni future le lasciamo nella merda prima di arrivare, consideriamo che il pianeta è fatto per durare in situazione di non alterazione di alcunché, al contrario degli ultimi 150 anni, durante i quali abbiamo addirittura interferito sul clima, il pianeta lo abbiamo cementificato sopra e svuotato sotto e magari ciò di cui lo abbiamo privato era prezioso per il pianeta con altri fini? Noi rimaniamo ignoranti per quel centinaio di persone che gestisce questo tipo di interesse e c'è pure una guerra in atto per il gas, con minaccia di bombe nucleari, che non dovevano esistere nemmeno, non è ancora sufficiente? Penso ai film degli anni 90, sulla fantascienza, con i cieli neri, stiamo andando lì con la differenza che un uomo fisico lì non può campare!

Ad una di queste discussioni per qualcosa che realmente non appartiene a nessuno, a tirare fuori un giocattolo atomico è il minimo che può succedere. Fra imbroglioni ladri imbecilli e incapaci, e considerando che la razza umana proprio non è capace né di fratellanza né di onestà, dopo il disarmo totale di tutto il mondo, io proporrei gli stati autonomi, una regione = uno stato autonomo. È una possibilità? Togliamo dal mezzo un po' di inetti, di ladri e scansafatiche! Togliamo l'IVA e accise, facciamo rifiorire l'economia Italiana e l'agricoltura, anche questo è un copione che si ripete con successo nella storia, in questo momento con le convergenze un po' strette. Allora tutti pagherebbero le tasse, come contributo al proprio stato, la responsabilità al popolo! Credo che anche che se finalmente sostenuto, il popolo in una situazione del genere sarebbe un grande contribuente volontario, e ritroverebbe volentieri la Nazione!

Al contrario dei ladri e guerrafondai che possiedono una grande sindrome di Highlander!

Operare su ciò che è stato corrotto
Rifletti

Sì, l'ho fatta facile come in realtà è. La figlia di Fabio e Franca, ho imparato che volere è potere, che cambiare direzione è facile se lo vuoi, che capire è possibile. Quindi credo in ogni cosa che ho scritto, siano cose possibili!

Certo dovremmo fare diversi passi, apparentemente indietro, in realtà in avanti di parecchio! Quando ti togli il dente del giudizio, per esempio, non è cariato tuttavia ti provoca un dolore unito ad altre conseguenze, spesso aspettare peggiora la situazione, può compromettere l'osso, il dente vicino, le gengive e sicuramente riempirti di batteri con conseguenze poco simpatiche sul tuo alito.

Se è da togliere prima si fa meglio è, che dici? Allora che domani alle 6.45 tutti i militari vadano a casa è più difficile? Che tutti i carcerieri di animali domani mattina alle 6.45 aprano i Lager dove sono imprigionati gli animali è cosi difficile fare la cosa buona e giusta?

• Che domani mattina alle 6.45 tutti i dipendenti della mafia si costituiscano e si mettano dalla parte del giusto è chiedere troppo?

• Che chi ha mangiato a sbafo calpestando gli altri sia obbligato a vivere come noi per capire, lo trovi un ingiustizia forse?

• Che si rimetta il nostro Paese a produrre per il commercio interno ti pare una cazzata?

• Che chi va in politica continui ad andarci perché ha la lingua marrone invece di essere consapevole di cosa serve al popolo, e ci va senza ne arte ne parte solo per mettere apposto il suo Q, non ti ha ancora stancato?

- Che la giustizia sia diversa per tutti ed abbia comunque tempi improponibili ti pare normale?

- Che un avvocato ti imbrogli perché chi ti ha fatto il torto è uno potente e difenda pedofili e assassini ti va giù?

- Che i nostri vecchi abbiano poco più di €. 500 al mese ti fa sentire la
grandezza del Paese?

- Che per fare un esame o un intervento urgente, ci vogliano fra 6 mesi
ed un anno, ma se paghi lo stesso medico della sanità nazionale nello stesso
ambulatorio te lo faccia in tre giorni, lo trovi corretto?

- Che con tutti i problemi che ha chi lavora ci si debba preoccupare per
i carcerati ti sembra giusto?

- Che esistano più armi e caserme con generali strapagati di ogni, per
un Paese che si dice pacifista ti è gradito?

- Che esistano persone che per giocare a pallone prendano milioni di euro
all'anno e rubino pure ti va bene?

- Che anche la gente che va allo stadio e si spacca la faccia per "tifose-
ria" lo approvi?

- Che il medico di base ti prescriva solo ciò per cui lo pagano ti va
bene?

- Che non ti ha informato, perché non gli hanno permesso e ha temuto
per se, sul reale pro e contro dei vaccini Covid ma ha seguito un protocollo
come ponzio pilato per te è ok?

- Che il tuo capo, il quale ti deve mettere nelle condizioni migliori per
lavorare e portare a casa un risultato, non abbia un idea da dove partire la
trovi una buona soluzione per il tuo lavoro?

- Che gli impiegati dell'azienda per cui lavori, non abbiano ne un idea
ne padronanza del loro mestiere, rischia di mandare a fare in culo il tuo o
no?

- Che paghi internet e TV per essere assassinato dalla pubblicità come
l'ultima pedina del buco del Q ti piace?

- Che facebook, ti blocchi se scrivi vaccino e se qualcuno ti offende a
qualsiasi livello con un profilo falso, non succede un cazzo, lo approvi?

- Che devi rinunciare a una mattina di vita o di lavoro se sei libero professionista per fare la fila alle poste, dove c'è una sola persona allo sportello e

dopo 4 ore che aspetti ti dicono che c'è uno sciopero e alla mezza chiudono, czz il numero dopo era il tuo, e sono precisamente le 12,28 ti mandano via, ti va bene?

• Che quando chiami un numero perché non ti hanno accreditato un bonifico sulla carta poste, ma all'ufficio ti dicono di chiamare il numero e ci sono 45 minuti di segreterie, lo sopporti?

• Che ci sia l'impiegato con il giacchino giallo che aspetta che ti scada il tagliando del parcheggio per te non è grave immagino?

• Che sopra alle forze dell'ordine, i ragazzi che vanno per strada e rischiano la pelle, ci sia talvolta gente corrotta e gli ex P2 con fior fior di pensioni tu lo trovi da Paese dignitoso?

• Che se non fai uno scontrino ti si inculino, e poi c'è gente che ha i topi e la sporcizia in cucina, inciucia aiutanti semi disabili e molto generosi e non gli succede un cazzo ti va bene?

• Che si perda il senso dei lavori piccoli di maestria che fanno risparmiare pattume e noi stessi non credi dovrebbe esserci più attenzione?

• Che qualcuno giri drogato e ubriaco e ti ammazzi la mamma, la figlia o il fratello, non ti disturba?

• Che una dicasi persona ammazzi un animale torturandolo solo per sfogarsi ti fa sentire in un posto sicuro.

• Che sulla tua tavola arrivino bestiole torturate e geneticamente modificate, oltre al buon cuore, sei sicuro che non ti faccia ammalare come diceva un tale di nome Gesù, prima degli OGM?

• Che la rivolta con tossine e siliconi contro la biologica metamorfosi del fisico non abbia altre conseguenze oltre alla difficoltà dello smaltimento, sei sicuro?

• Che i neri che vengono in Italia non siano una conseguenza delle nostre cattive azioni del passato per come stanno oggi, tu ne sei sicuro?

• Che gli extracomunitari se aiutati a comprendere il posto dove sono possano vivere come noi per te è una cazzata?

• Che si debbano applicare le regole di Gesù Cristo almeno sulla chiesa che è contrariamente diventata un attività economica lo approvi?

• Che le istituzioni manipolino la costituzione italiana e non si occupino di noi nel modo corretto secondo te è giusto?

- Che i non vaccinati potessero uccidere i vaccinati un anno fa, come lo vedi come concetto?

- Che radio TV e attori vari con giornalisti si siano venduti alla pubblicità sui vaccini, come la pubblicità di un dentifricio come la vedi?

- Che ad oggi, e già dalla pandemia piena, ci siano disinfettanti che uccidono i virus, nelle mani negli occhi, nel naso, in bocca e forse anche in Q, e pensa che poi hanno fatto il vaccino, come ti pare?

- Che chi ha fatto quello scempio di rubare sulle mascherine la passi liscia ti va bene?

- Che la mafia/a ndrangheta/camorra e qualsiasi prepotente che c'è in giro possa sentirsi in diritto di chiederti qualcosa a te pare normale?

- Che in un posto che vogliamo chiamare mondo, ci siano ancora delle donne che vengono uccise perché si tolgono un fazzoletto da sopra i capelli lo trovi giusto?

- Che l'Europa, l'America e la Russia siano cosi concentrate a ciularsi il gas, invece di soccorrere la situazione delle donne irachene ?

- Che per discutere su un pezzo di terra si coinvolgano milioni di persone fatte morte, distruzione di paesi interi, non credi che se legge diventasse che i due pretendenti si prendono a scapaccioni sarebbe migliorativo l'effetto nei confronti dell'umanità?

- Che invece di insistere con gas petroli vari e carbone si possa eco trasformare tutto il mondo in un mese?

- Che i soldi per le armi ci sono, non ci sono per ospitare la gente, e per dare da mangiare a chi abbiamo ridotto alla fame, in Africa arrivano container di cibi e farmaci scaduti, per te va bene?

- Che ce ne sbattiamo il cz l'uno dell'altro. E' diventata indole o atteggiamento?

- Che i giornalisti continuino imperterriti a fare trattati medici ti va bene?

- Che l' opposizione, dopo anni di errori, finalmente si toglie dai coglioni e solo allora, come per magia, adesso sa tutto come si deve fare per salvare l'Italia, prima no?

- Che l'attuale capo del Governo, pur avendo ricevuto una situazione disastrata e non essendo il Padre Eterno, abbia dato prova più volte di onestà e capacità che ad oggi nessuno aveva mai dato. Dopo tutti i ladri inciuciati, P2, mafiosi e quant'altro, si può lasciare lavorare in pace. O dobbiamo ascoltare i suggerimenti di chi ha avuto la palla da calciare per anni senza beccarla. Ti va bene che si permettano di disturbare cosi?

• Che il responsabile dell'Emilia Romagna, abbia restituito 55 milioni sui 72 che gli erano stati dati per pulire i fiumi, che sono esondati per non essere stati puliti, mettendo k.o migliaia di famiglie, e di lavoratori già in difficoltà, con più di 5.000 aziende agricole hanno perso tutto, 29.000 persone hanno perso case, il comparto turismo nella merda fino a sopra i capelli, si sia addirittura tentato di nominarlo commissario per l'inchiesta, ti pare una cosa saggia e soprattutto onesta?

• e in ultimo, aggiunto in fase di correzione, che a causa delle basi N.A.T.O. in Italia, nel caso la Russia venga colpita dall'America debba obbligatoriamente attaccare noi, in automatico, ti va bene?

A me no! Non mi va bene un cazzo.

E ho scritto solo le cose importanti, trascurando quei pochi dettagli. Sarebbe bello cambiare le cose, anche se comprendo che la macchina del potere è in moto da troppo tempo, tuttavia, ripeto il solito concetto: volere è potere. Se siamo in grado di renderci conto dove siamo arrivati e cosa ci può essere di conseguenza, certo è che occorre la forza di un cambio di tendenza notevole.

E' molto potente la forza del cambio di tendenza, serve la consapevolezza totale per un cambio di direzione, serve comprendere il concetto di coscienza collettiva e tirala tutti insieme dalla parte del giusto! Per poi, finalmente trovare la magia per la parte più difficile: tutti insieme.

Mi piacerebbe confrontarmi con chi ha risposte al lungo elenco delle mie domande, la cosa si può fare e chiaramente non via facebook, ma mail e se mi scrivi che autorizzi l'utilizzo per privacy, specificando se vuoi che scriva o no il tuo nome e cognome, il prossimo sarà un insieme delle Vostre risposte, unite ai fatti futuri di questo anno, e comunque io ci provo, vediamo quanti siamo, in che direzione vogliamo andare ecc.

Ti ringrazio per il tempo che mi hai dedicato, non era certo scontato! E nell'augurio di ricevere una tua mail da potere formare il seguito a questo. Ti abbraccio!

RINGRAZIAMENTI

Assolutamente a chi mi ha generato, perché la vita è fantasticamente strepitosa! Eleonora, meravigliosamente angelo in terra. Stefania Resta, altro angelo assoluto di pazienza. A tutte le persone che hanno viaggiato con me anche per poco, e spero di avere contraccambiato la compagnia e la costruzione di vita. Ringrazio anche i Cacas ex Matrix in quanto, non dico che ce ne sia bisogno di assaggiare la cacca per capire che quella da mangiare è la cioccolata, tuttavia avere gli esempi chiari ritengo sia un beneficio anche se non sempre gradito all'istante. Ringrazio chi mi ha concesso di condividere il mio pensiero e ringrazio soprattutto te che mi hai concesso così tanto tempo senza conoscermi e lo hai fatto pur non concordando tutte le mie parole. Era proprio ciò che volevo dire del confrontarsi. Grazie davvero!

E se vuoi dire la tua, puoi scrivermi all'indirizzo: iking.n18@virgilio.it- all'attenzione di Caterina Lasagna Aggiungi alla tua mail la dicitura: *Autorizzo il trattamento dei dati personali contenuti nella mail al mio indirizzo di posta elettronica : del giorno ***** in base all'art. 13 del D. Lgs. 196/2003 e all'art.13 GDPR 679/16.* Copia documento e firma: Solo se desideri partecipare alle risposte, diversamente scrivimi quello che vuoi che rimarrà tra noi assolutamente. Sii precipitoso/a e incazzati se serve.

Nota: *In qualunque direzione tu vada, vai con tutto il cuore (Confucio V sec. a. C.)*

INDICE
introduzione
istruzioni per uso